王赓武谈
世界史

欧亚大陆与三大文明

王赓武 谈

世界史

欧亚大陆与三大文明

黄基明－著　　刘怀昭－译

当代世界出版社
THE CONTEMPORARY WORLD PRESS

1658年，葡萄牙人在斯里兰卡的贾夫纳战败于荷兰人

今日长城

版画作品《君士坦丁堡的陷落》[出自 Hutchinson's History of the Nations 一书，1915，Dudley，Ambrose（流行于1920 年代），私人收藏，英国布里奇曼艺术图书馆]

19世纪中期，中亚的赛马鞍具

高加米拉战役中波斯卷镰战车的进攻［Andre Castaigne （1898–1999） 绘制］

莫卧儿帝国的皇帝沙·贾汗（右）和他的儿子达拉·希科（左），约1638 年
（绘画作品，藏于英国伦敦维多利亚与阿尔伯特博物馆）

“上帝之鞭”阿提拉（Ulpiano Checa 绘制）

中文版序

绕不开的欧亚大陆

王赓武

我对现代时期以前的世界史的理解是，一切有文字可考的历史都发生在欧亚大陆，而它三面临海的土地始终关切于海面的波涛、牵动于洋上的风浪。但与陆路发生的事件相比，有关各大洋海事活动的记载显得凌乱而又支离破碎。数据的缺乏表明，海事在各大文明的早期发展中所扮演的角色并不那么起眼。

沿着欧亚大陆的边缘，三大延续而又显著的文明清晰可辨。西端是在西亚、北非和南欧这些相邻地区率先发展起来的地中海文明。欧亚大陆的南部边缘则目睹了印度文明的兴起，它的达罗毗荼人（Dravidian）部分毗邻印度洋，并向东延伸到南中国海。欧亚核心以东是中华文明（Sinic civilization），中华文明传播到了太平洋边的日本诸岛，但其影响力在东南亚则相对较弱。

欧亚大陆的腹地是一片广袤的土地，从欧洲的莱茵河一路绵延向东，穿过俄罗斯及中亚的大草原，直抵印度河—恒河以及黄河、长江、湄公河的源头高地，从那里，这些大河向东向南奔流入海，汇入西太平洋。在三大文明中，地中海与另两者的不同之处在于，它的中心有一片处于大西洋和印度洋之间的大海。相比之下，印度平原紧贴浩瀚的印度洋，而中华大地则面朝东方和南方，朝向太平洋与印度洋之间的数百个岛屿。

全球化的现代时期是海洋探索的产物，是1492年之后发轫于伊比利亚半岛的地中海扩张的一部分。那是一场真正的全球化进程，它从18世纪中叶开始逐步将世界经济整合了起来。这一扩张是海洋性的，而它的起源可以追溯到几千年来地中海主要海军力量之间的控制权之争。一场场无情的争霸孕育出一种进犯性的文化，这种文化产生了要把陆地和海洋全都掌控在自己手上的帝国。当斗争最终蔓延到大西洋时，其势已锐不可当，很快就远播四海，蔓延到印度洋和太平洋。那种跨洋性的扩展彻底改变了三大文明之间的相互关系。

这时出现了一个由美洲形成的新大陆，很快它就隶属于地中海的欧洲那半边。这给大西洋沿岸的探险船只提供了进入另两个大洋的通道：葡萄牙人绕过非洲进入印度洋，而西班牙人等其他人则取道另一边，绕过南美洲进入太平洋。他们在东南亚殊途同归，并且在短短几十年间，全球就基本上归于海洋性了。这里一语道破的是近代史的前世今生：18世纪崛起的新兴力量继续为世界其他地区建立新的系统规范（systemic norms）。这些规范以飞速发展的科学技术为支撑，以工业革命和资本主义为后盾，以在民族国家（nation states）基础上创造出新型财富和权力的富于凝聚力的民族帝国（national empires）为靠山。

地中海规范

这一转型的起源可以追溯到地中海地区。自从五千年前文明的开端以来，那里所发生的事情就与众不同。腓尼基人和希腊的海上殖民地为伟大的陆—海帝国奠定了基础，并在此之上塑造出一个能够多方位扩张的权力系统，并如此这般地向北、向东、向南施展了拳脚。大约1500年前，那里发生了一场剧变，当时地中海周边国家因对一神论的解读存在激烈分歧而形成割据局面，地中海文明从此或多或少地一直处于分裂状态。这与上一个千禧年的情形有很大不同——想当年，地中海就如一个内湖，万邦及帝国在湖上自由地竞逐商机、争享荣耀。

1500年后，地方冲突还在持续，而地中海文明仍处于分裂状态。地中海欧洲一侧的南半部分落入到穆斯林文明的阿拉伯势力手中，这一势力从7世纪一直幸存到现在。那长达1500年的分裂对西欧人形成阻滞，致使他们无法直接接触到欧亚大陆另一边土地上的灿烂文明。

他们的商人既无法直接取道进入印度市场，也无法抵达那些更遥远而且可能更富庶的中国城市。

他们知道遥远的东方物华天宝，他们想去那里通商，但四分五裂的地中海使他们寸步难行。于是他们转向大西洋。葡萄牙人领先其他欧洲人，最早到达印度，继而是东南亚、中国和日本。西班牙人、荷兰人和英国人紧随其后。他们都偏爱垄断性的贸易手段，并以他们无可匹敌的海军实力来对付阿拉伯、印度和中国的商人。

于是，在三个大洋皆被他们闯入之后，这些后来者就彻底改变了历史话语。尤为令人瞠目的是，他们发挥了地中海内部的海上冲突传统，使他们得以将一种全球性权力结构施加在原本并没有持续性海战传统的地区。

历史记载了马来人和占婆人（Chams）在华南及爪哇海域的较量，室利佛逝王国（Sri Vijayan）称霸马六甲海峡两岸的年代亦有史料可循。我们还知道，南印度的朱罗王朝（Chola）统治者曾有能力派遣海军穿过孟加拉湾来挑战室利佛逝王国的霸主地位。此后，满者伯夷（Maja-pahit）和泰国的海军也曾有数次短兵相接。但他们在16世纪之前的这些所作所为，无一能与地中海地区展开的持续而致命的海战相提并论。加之，美洲新大陆为西欧带去了新的资源，促进了那里的科技繁荣、资本主义和工业革命的兴起。于是，新的海军帝国如虎添翼，给世界带来了翻天覆地的变化。

在这个全球化的世界里，旧的封建帝国不得不让步于那些在欧洲内部争夺权力的商业帝国。相互的交战持续了几十年，他们之间的一系列会谈为主权及重商主义国家的形成奠定了基础，最终推动了《威斯特伐利亚条约》(*Treaty of Westphalia*) 的签订。他们随后逐步演进为荷兰、法国和英国等民族国家，这些民族帝国主宰了19世纪和20世纪的历史。这些帝国为各国逐步（特别是在第二次世界大战之后，随着帝国的解体）开始接受的一套新的系统规范打下了基础。自此之后，只有民族国家才有资格成为联合国成员国。

许多亚洲国家都试图从各种后殖民地形态中跳脱出来，来建构各自的民族。如今它们仍在为完成这一使命而努力着。与此同时，一些替代性结构出现了。这一情况的出现始于冷战时期，当时美、苏这两个超级大国力图将世界在它们中间分裂开来。无论美国还是苏联，都不能满足于仅做个民族国家或国家帝国便罢。对此，一些存在共同利益的民族国家就以发展各种区域性组织作为响应。

当20世纪90年代冷战结束时，全球性超级大国只剩下了孤零零一个，这种情况也是前所未有的。过去的一个世纪，世界的系统规范是由两个超级大国操纵强大的民族帝国来决定的。而四十年后，举世仅剩一个超级大国。这种变化的出现主要是由于卓越的海军有实力一手打造如今的全球化，令全球经济得到了增长。

深层结构

鉴于这一全球性框架，我们不禁要问，在研究未来的发展时，讨论过去那段大陆和海上力量相对均衡、相互关系较为稳定的历史还有意义吗？这时，“深层结构”这个词就为思考“过去会如何影响当下”这个问题提供了一个有用的途径。弗朗索瓦·吉普鲁（Francois Gipouloux）在《亚洲的地中海》（*The Asian Mediterranean*）一书中提到了这种潜在结构。例如，早在地中海列强抵达之前，印度洋和太平洋就已经存在一种结构。那就是集中于世界上最大的一片岛屿（即东南亚群岛）的那种半地中海（semi-Mediterranean）条件下的网络关系。

那里的深层结构是什么呢？很明显，存在那么一种结构，它将欧亚大陆的各个不同部分联系在一起，其踪迹在有文字记载的历史中随处可见，可以一直追溯到16世纪。《亚洲的地中海》揭示了这种网络的存在。其结构与地中海结构非常不同，因其并不受制于帝国海军之间持续的海上冲突。此外，该网络中从未有两股不相上下的势力僵持对峙1500年这样的超乎寻常的经历。相较于希腊人和波斯人之间、罗马帝国和希腊帝国之间、十字军和突厥—阿拉伯人之间在地中海的海战，波斯湾和东海之间发生的任何冲突都要逊色得多。

印度洋和西太平洋地区的独特之处在于，其统治者立足大陆的权力运作方式，无论是在印度文明还是中华文明中都是如此。几千年来，它们一直没有海上对手与之抗衡。这个框架中唯一的异数是远在东北一隅的日本。在那里，日本人确实积聚了相当可观的军事实力，但在历史上的大部分时期他们都选择超然于大陆事务之外，直到16世纪晚期，即当欧洲海军已经真切地出现在日本的海岸上时，日本才开始崭露头角。

简而言之，在印度洋—太平洋地区没有任何可与地中海地区相提并论的权力割据局面。两洋沿岸的贸易活动大体上是和平进行的，而商业、文化及宗教的迁移都是在没有重大冲突的情况下展开的。没有任何事情靠诉诸海战来解决。各种争端在口岸城市和流域王国（riverine kingdoms）之间就摆平了，统治者时常亲自参与贸易谈判，偶尔也会以暴力收场。这些活动将中国、日本、朝鲜的沿海地区联系在一起，并越过马来群岛，一直绵延到印度和波斯湾。

的确，在15世纪初，明永乐皇帝曾派郑和率领大规模的远洋舰队七下西洋。这是成功横跨两个大洋的第一支强大海军。这表明中国人有能力支持海军作战，然而这几次远航终以历史性的跑偏而收场。一俟郑和断定远洋上没有敌手，明朝统治者就把海军遣散了，对于中国的海岸线之外没有表现出进一步的官方兴趣。此后，中国在外海的活动群体大体上就剩下福建和广东这两个南方省份的商人了。

这种官方兴趣的缺乏将我们带回到以大陆为基础的中国历史的深层结构中来。中国自古以来立足于大陆，因此，东海及南海的半地中海特征从来不曾受到任何强烈或持久的关注。当然，在10世纪之后，当中国的人口向东南部迁移时，当中国出现割据、朝廷被逼南迁时，人们肯定对把握商机愈来愈有兴趣。但最终，历朝历代仍继续建立在大陆性的自给自足的基础上，其北部也不得不终年面对欧亚部落的袭击和进犯的威胁。

南亚的情况则有所不同，这是由于印度文明并不依赖于一个中央集权的官僚国家体系，其沿海王国和口岸是独立于中央控制的。印度沿海的众多政体既相互自行开展海上贸易，也与飘洋过海而来的外国商人洽谈生意。那些外商主要来自红海和波斯湾，也有少数来自于东方。但印度与中国的共同之处是要面对来自中亚的陆路威胁。

敌人总是一成不变地来自西北内陆，而印度次大陆又相对比较开阔，易受草原骑兵的攻击。因此，千年以来，印度统治者花了很大精力重兵把守陆路边界以确保不失。

在岛屿众多而又陆地辽阔的东南亚，情况又一次不尽相同。在这里，大陆与岛屿之间的利益划分造就了一段独特的历史。我前面提到，那里没有发展出任何能与中国或印度抗衡的力量。该地区的差异主要存在于该地区自身内部，存在于依赖海上贸易的各方（尤其是在马来群岛）与面对内陆敌人威胁的大陆之间。本土的孟—高棉王国（Mon-Khmer kingdoms）与来自北方的泰国和缅甸军队之间的对抗，使他们长期将重心放在土地上。无论如何，在大多数情况下，该地区的陆地国家与海洋性国家基本上都是自给自足的。

总体而言，决定着印度洋及西太平洋权力系统的关键性历史因素出自欧亚腹地，即马背上的势力，类似于冲击过中国、印度和地中海的那些骑兵。那些通过中亚陆路将三个文明连接起来的进攻性力量始终难以遏制。沿着所谓“丝绸之路”而展开的陆路贸易，靠的是众多不同的部落国家和绿洲古镇的共享利益，并且总是受制于局部冲突（若非全面战争）。相比之下，海上的联系就甚少涉及政治角力，因此很少有人费心去记录海上联系给从事商业活动的各方带来了哪些好处。海事的记载主要就是关于船舶在港口之间进行的往来，其每年随季节和季风的变化而动，并没有什么戏剧性的大起大落。

深远影响

16世纪后，随着全球性的海洋开发，通过欧亚大陆而进行的商业活动出现锐减，该地区也因此在过去三百年的发展中退居次要角色。那么，欧亚核心是否因此便无关痛痒了呢？如果我们审视一下那里的深层结构，就会知道事实上并非如此。欧亚大陆腹地的各国政体仍一如既往，目光向外，朝东、西、南三个方向全方位向外审视。他们当中包括那些从改变世界经济的全球力量中成长繁荣起来的国家。欧亚核心实际上从来都不是无关痛痒的，因为欧洲西部的现代化进程使俄国人从彼得大帝时代开始得以东进，而大陆上的其他发展则导致满清反向西迁。到了17世纪和18世纪，俄、中这两股势力在欧亚大陆中间相遇，那一幕远没有当时的海洋全球化那么富于戏剧性。但他们的相逢仍意义重大，并且这两个帝国最终都在全球事务中扮演了重要角色。特别是在1945年以后，当美苏两个超级大国之间展开冷战时，中俄的相逢使得大陆性势力有机会对海洋性主导势力发起反击。

尽管如此，大陆性国家仍然处于劣势。在冷战时期，最精锐的海军主要在所谓的“自由民主国家”或曰资本主义体系的一边。海上优势使得美国及其盟国的经济快速发展，同时约束了苏联集团的发展。后者仅在中国沿海有些开阔的海岸，而中国在整个20世纪里却无强大的海军可言。所以说，西方的胜利就是海洋霸权的胜利。

中国人这边则因为疏于海军建设，数百年来为此付出了高昂的代价。他们确曾试图重振旗鼓，适时打造一支新的海军，但在19世纪末兵败于日本人。1911年后，中华民国陷入割据，继而遭到日本的侵略，无从着手建立过硬的海军。因此，中国共产党1949年取得的胜利，是完全赢在陆战上的。他们一艘军舰都没有。解放军第一次提到海军是1948年要横渡长江的时候。即使在胜利后，他们也只是与大陆性强国结盟。没有任何海洋国家来帮他们培训海军，因为海洋国家正是隔海相望的敌人。因此，虽然20世纪90年代以来只剩下一个超级大国，中国也仍要面对一个力量超群的海洋性超级大国，其实力甚至超过当年的英国。

在历史长河中，还有一个启示也值得记取。说到全球性海军大国，荷兰和英国的示范颇具指导性。其中，荷兰地处欧洲大陆，而英国则由岛屿组成。前者因此一直被德国和法国这样的大陆性大国遮蔽，其海军也无助于它在陆地上强大起来。而英国则在外海上不受约束，因而成长为当时历史上最强大的海军力量。但最终，英国人还是没能坚持下来，因为他们没有大陆来帮助维持其实力。此外，作为一个如此贴近欧洲大陆的岛国，每当有欧陆国家要发展强大的海军力量时，它就会显得不堪一击。因此，在20世纪的两次世界大战中，英国都需要美国这样本身拥有大陆基础的海军来搭救它。

在地球的另一边，日本也有类似的问题。那就是，从长远来看，仅做个岛国是不够的。一个没有大陆基础的海军力量是不够的。英国曾几近成为超级大国，但其实力得不到保障，因为它没有大陆可以依靠。可美国人就有。这正是如今这个系统规范的关键所在。有史以来第一次，出现了这么一个雄踞大陆、同时又凌驾于海上的强国。正是这样的优势使美国的海军力量自 1945 年以来主导了世界。美国在陆地疆界上没有敌人，因此它是驰骋三个大洋所向无敌的海洋性国家。他们从英国海军那里汲取了教训，极大地加强了陆上的安保。

相形之下，像德国和俄罗斯这样的大陆性国家就成了跛足。他们根本就别想轻易地闯到外海上去。因此，他们的大陆力量无法支持作为全球大国所需要具备的那种海军。至于日本，它与英国是同样的命运。它没有大陆性根基，所以才拼命想登陆朝鲜、东三省以此进入中国。最后，这一切使其鞭长莫及，他们的宏伟计划终告破灭。这让我们的讨论回到中国上来，来说说正在中国崭露头角的东西是什么，为什么它对于美国人及其他人来说如此举足轻重。中国素有大陆性实力，现在又有了发展海军的能力。中国人在五百年前曾拥有过海军，但复又失去。他们如今正试图再造一套必要的心理定式，以确保他们的新海军有一个可持续的未来。若果成事，中国将成为拥有强大陆地支持的海军力量的另一个大国。在目前阶段，中国海军还无法与美国海军媲美。但他们现在已经非常重视海上事务。这仍是一项相对较新的发展，还谈不上形成了什么海军传统。现在敲响所谓“中国邻国正面临其海军威胁”的警钟，显然是另有心事，比如说，可能出于担心美国在中国沿海的霸权可能会面临挑战。

中国人认识到，他们所面临的问题是多层面的，但有两个是迫切的问题。中国在经济上与全球海洋性经济联系在一起，其未来的发展有赖于此。他们显然需要海上局势安全可靠。与此同时，它的边境有三分之二是陆路边界，而且与美国不同的是，中国在陆路确实有潜在的敌人。这绝不是胡思乱想。中国人有数千年抵御陆路敌人的历史，他们绝不会以为将来就不会有这样的敌人。他们的邻国多达十几个，且并非总是睦邻。因此他们永远无法免于大陆性威胁。

在此，我们回到文明的深层结构上来。欧亚大陆对中华文明和印度文明的历史产生过强大的影响，这种影响将继续扎根于他们的文明之中。中国尤其对海洋有强烈的意识，因为它看到自己的文明曾险些被来自海上的敌人毁灭。如今中国文明进行了一番现代化，它想要确保那段失败的历史永远不会重演。因此，只要强国的海军坚持在中国沿海有自由行动的权利，中国的领导人就必须密切关注海军，与此同时又绝不能忘记，中国三分之二的边境在大陆上。即使在他们为应对未来的威胁而进行海军建设及其他复杂的备战时，强大的欧亚大陆传承仍会告诫他们，他们必须继续培养一种新的、均衡的全球史观。

写在前面

在此我先要告诉读者，你们对这本书爱不释手的程 vii
度，是无法与我成书的欣喜相比的。在新加坡国立大学王教授的几处办公室，能静下来与他不受打扰地一谈数小时，这样的机遇实在是不可多得。

在新加坡生活、工作的这十几年里，我有幸在王教授担任所长的东南亚研究所（ISEAS）供职，得以在很多不同场合听到他就相当广泛的议题发表高见——但我必须说，这种机会我总还嫌不够多。我置身观众席中，和其他每个人一样，为他的连珠妙语所倾倒。像他这样做过无数次演讲的人，却总能在内容上引人入胜，旁征博引而又深入浅出，这一点时时令我叹服不已。他往往不打底稿而能信手拈来，并且总能为讲题提供一个宏大的叙事图景，为听众提供他们意想不到的新视角。

所以，我萌生了根据对王教授的访谈写本书的念头。除了一个显而易见的目的，即要记下他因日理万机而无法诉诸笔端的思想点滴，还希望在他阐析想法时，我能透过聆听来洞察他如何思考，从而深入探究其思想由点及面的机械原理与有机结构。

viii 本书以一位亚洲史、东亚史的学术泰斗对一位外行的历史学者娓娓道来的方式展开，这一方式具有某些优势，首要的就是我作为他的听众，可藉此以非学术的方式向普通读者传达这位专家的精深见解。不过，主要的缺憾也同样源于这一热望。在更深入探讨某些问题时，在聆听后进行追问时，由于我作为外行对世界史缺乏相应的深刻认识，故在折服于王教授缜密的思想之余，时常会对他纵横捭阖的思路感到疲于招架。

但话说回来，我的主要目的，还是要了解这位了不起的学者对于形成我们所知世界的历史动力的见解，这对于目前有关东南亚、东亚、南亚、亚洲——乃至整个世界——的学术研究都有重要意义。这一令人兴奋的课题也使我意识到，世界史作为一门学科还只是刚刚出现：那些对人类过去进行描述的传统尝试，要么拘泥于欧洲中心（Eurocentric），要么太过本地化。

此外，写这本书还有一个非常私人的原因。我目前担任东南亚研究所副所长的工作，肩负着在所长的指点下、为了未来的十年尽可能全面地建设本所研究领域的责任。为做好这项工作，我需要得到尽可能多的灵感，如此说来，还有什么比通过一系列密集的访谈、向德高望重的王赓武教授当面讨教更有效的途径呢？还有什么比用对话形式将它呈现给有知识的公众更好的方式呢？

因此，我建议读者只管将这访谈录轻松地读来，将 ix
之作为一个灵感来源，在它的启发下进一步去思考世界史的各个方面，并思考这些方面是如何影响我们看待人类诸多文明之间的关联性的。如果用更为学术的版本来呈现王教授与我分享的这些想法，我担心可能难以成书，而且就算成书也不那么容易为广大读者所接受。

王教授所给予我的，是对世界历史更广泛的认知——对此我永远感激他。这些访谈给了我营养丰富的思想食粮，足以相当长久地维持我对历史现象的好奇心。王教授向我展示的历史画卷是如此色彩纷呈而又一目了然，丰富了我对世上仍在发挥作用的历史动力的认知。他待我极为慷慨而又平易近人。我记得有位老先生，他听到王赓武这个名字的时候总要自豪地跟我提一句："哦，他是我在马来亚大学时的老师。"由于我从没上过任何马来西亚的大学，而且根本不曾想到要攻读历史专业，所以这种被引为同门的夸奖总是让我如坐针毡。我不可避免地对王教授的真传弟子们钦羡不已。名师出高徒绝非虚传。这或许也是我动念要做这个项目的真正原因吧——我无法抵挡这样的虚荣。往深层次上说，我肯定是看中了做一回他的入室弟子的机会，想听他为我传道解惑——顺便说一下，他的那些见解一旦听懂，就会给人茅塞顿开的感觉。

每个人都曾有过这样的经历，在听到一个新奇的想

法时不由地感叹："我怎么就没想到呢？"我在对王教授进行访谈时就常常有这样的感触。我相信本书的读者也
x 终会深有同感。王教授对世界历史的演绎意味深长，我很高兴能尽我所能让更多人了解到。

从第一次访谈开始，王教授就希望我把这本书当作我的而不是他的书。我怀着感念接受了这份慷慨，也因此对这本书的终稿负有全责。这本对话录中必定会有些遗珠之憾，我可能在一些地方未能把握住王教授话中的深意，因而在抄录和编写的过程中难免形成误导。如有此等，我先在此深表歉意，并甘愿承担责任——这是为了完成这本令我兴奋的书而值得付出的一点小小牺牲，因我相信，这本书定能吸引世界各地所有年龄层的读者。

鉴于王教授拥有身为院士的耀眼学术生涯，想必本书内容之丰富不致令读者感到惊讶。由于他在海外华人研究及其他诸多课题上的开创性建树，他已被本地知识界——乃至全世界的知识界——深深铭记。为了方便少数对他不了解的人，我在此简短地介绍一下他的生平。王赓武教授 1930 年出生于印度尼西亚的泗水市（Surabaya，又译苏腊巴亚），在马来西亚北部霹雳州的怡保市长大。他在新加坡马来亚大学获得历史学学士及硕士学位，后于 1957 年获伦敦大学亚非学院博士学位。他先在马来亚大学（在新加坡和马来西亚两地）执教数年，再于 1968 年转往澳大利亚国立大学任教，之后他出任香港大

学校长（1986—1995）。从那以后他一直在新加坡担任重要的学术和行政职务。

本书在政治、伦理和社会凝聚力等方面对中国哲学 xi
进行了探讨。这不足为奇，因为我俩都是在马来西亚长大的华人，对中国文化有着浓厚的兴趣。这一事实很好地提示了现代化的突如其来——无论是以移民、枪炮、病菌还是以思想的形式——对各种文明、政治和民族内在动态造成的破坏。文化上的动荡（cultural unsettlement）和哲学上的失忆（philosophical amnesia），对于世界各地许多人来说都是一份不可避免的遗产，无论这些人在西方列强的侵略下如何幸存下来，即使在经济上很成功，但在现代的设计方案里为自己找到一个自然而然的位置仍是他们的首要目标。中国的例子就非常突出，并带有强烈的启示性。现代生活瞬息万变的特性不啻加剧了这种动荡，并影响到每一个人。但也许，正是由于这种瞬息万变的气氛占了上风，宿怨和世仇才可能烟消云散。

本书各章分别基于我和王教授五次对话的内容，每次对话大约历时 3 个小时，相继发生于 2013 年 1 月 7 日、14 日和 21 日，3 月 25 日和 10 月 14 日，在新加坡国立大学的东亚研究所和李光耀公共政策学院进行。我要感谢东南亚研究所所长陈振忠先生对此提供的支持，感谢我的爱妻孙莉莉（Laotse Sacker）悉心通读了英文定稿，感谢刘怀昭女士准确流畅的翻译。

目 录

导言

人类历史曾是大陆史

在我看来，世界史是一个新兴的课题，令它应运而生的是晚近殖民时代单极政治世界的消失，以及更晚近的两极化冷战的结束。全球视野悲天悯人，将人类文明之间无止无休的内斗与对决尽收眼底，本书即是要为这一视野的发展添砖加瓦。 xiii

请允许我在此先将本书的内容做一概述。本书的根本目的在于认识并认可世界历史上一个被忘却的关键角色。传统上，世界被执迷地划分为东方和西方——对于西方来说，东方始于他们家门口的台阶下；对于东方来说，西方这个概念远要模糊得多——而将它们连接起来的最重要的因素往往被忽视，或被视为是附带性的：这就是中亚。

很多世纪以来，从欧亚地缘的核心迸发出来的人类动力，确实塑造了栖居在它周边地带的诸多文明的本质。

这一点对于任何熟悉中国历史的人来说都是显而易见的——在中国历史上，游牧部落不时成功地征服天朝的土地，中亚的举足轻重因此早已得到印证。对于印度来说，络绎不绝的征服者会从北面经由阿富汗的狭窄通道涌入。无可否认的是，抗击东方侵略者的斗争是西方文
xiv 明史上的一抹重彩，无论抗击的是波斯军还是阿拉伯骑兵、土耳其军或匈奴和蒙古游牧部落。

对处于欧亚大陆边缘的文明来说，首当其冲的是要抵御来自大陆腹地纵深之处的军事威胁，这一当务之急留下了戏剧性的遗产供现代人观察。在自然景观上，随着日积月累，陆地的主要断层线与次要断层线就会明显区分开来。于是，地堑与火山的裂缝、大峡谷与山脉的延伸，向我们揭示了大地历经的洗礼冲刷。人类历史也是一样，久经岁月磨砺的政治与文化的断层线，表达着人们之间的紧张关系，诉说着那些持续的剑拔弩张的关系。本书不仅旨在让人们关注那些主要断层线，还要揭示它们的相关本质。这样一来，欧洲海洋国家的崛起及其对大陆包抄围困的能力就跃然纸上，可称为全球政治与经济的开场。正如王赓武教授一再重申的那样，“全球性即海洋性”。其中一条主要断层线从东向西穿越地中海。在那里，数世纪以来一场接一场的战争，将北非穆斯林的土地与欧洲基督徒的土地深深地割裂。从 1096 年持续到 1291 年的十字军东征并非什么仁义之师。[1]远非

如此。

事实上，将欧洲与它在东方的历史报应划分开来的最终一条断层线是1453年拜占庭的陷落，以及1521年至1580年间罗马基督徒与奥斯曼帝国在地中海的争战。[2]经过这一场海战，英、法、俄的联合舰队终于打败了奥斯曼—埃及海军，希腊才于1832年从奥斯曼帝国手中独 xv
立出来。

屹立在欧亚大陆地块另一端的，是不可一世的中国长城。如今它有些部分可能已经残破了，但整体上仍强烈地体现出当年骁勇善战的中亚游牧部落是何等令人生畏，几千年来他们是怎样左右了中华帝国的政策，以及在历史上如何牵制了朝廷向海上扩张的冲动。第一代帝王秦始皇，为了确保他自己新开拓的疆土不被染指，劳民伤财都要修筑起长城，誓将攻城略地的游牧民族拒于千里之外。我们看到，十六个世纪之后，明朝的皇帝们还是在干着同样的事，只是技术上更先进了。但这一切都对明朝的衰亡于事无补，没能挽回它1644年落入满族人手中的命运。于是，历史悠久的中华帝国在从东北亚入侵的外族的统治下进入了现代时期。

位于印度次大陆西北端的，是另一个饱受战争蹂躏的地区。北面有蒙古人及莫卧儿人从古道上长驱直入，西边有波斯国王与亚历山大大帝的希腊军的进犯。[3]

其他纵深的断层线包括巴勒斯坦走廊，它连接着尼罗河沿岸与两河流域的肥沃土地，或许还包括欧洲内陆的断层线，如存在于斯拉夫与条顿人之间的一条。还有一条是在条顿人与拉丁民族之间，再有就是不列颠群岛与欧洲大陆之间。

而对于欧洲来说，其文明与贸易的推动力来自地中海的沿岸地区。因此，其南部沿岸及圣地的丧失，标志着它被不共戴天的敌人困于一隅，与外面的繁华世界从此隔绝。

突围

xvi 随着海洋科技时代的到来，环球旅行成为可能，商业贸易、资源开采、军事征服和宗教纷争的可能性也大大增加。全球关系的动力发生了彻底的变化。的确，我们今天所知的环球是通过制海权实现的。

西班牙人和葡萄牙人一马当先，短短数十年的时间，就在美洲和世界各地获得了大片的不动产。可悲的是，所有这一切的发生，都是以牺牲这些土地上的原住民为代价进行的。土著的王国被毁，族人被欧陆成功突围而来的侵略者杀戮、奴役或染上了疾病。还有些侵略者是为了寻求自己的宗教自由及其信仰的至尊地位而来。美洲新大陆的发现为全球摩擦增添了新的戏份。

与此同时，中产阶级的兴起助长了一股新的力量，很快就以荷兰和英国的形式冒起。它们对南亚和东南亚政治及人口构成的影响是巨大的。事实上，“东南亚”一词是在日本占领东亚期间出于军事目的杜撰出来的。这个词后来在冷战中继续沿用下来，至今仍然被我们用来指称一个特定的地缘政治实体。

王教授认为，冷战在很大程度上仍旧是大陆力量与海洋力量之间、核心及其边缘之间传统较量的重要组成部分。美国作为我们时代的主导力量，其举足轻重的地位是通过脚踏安稳的陆地、手握所向披靡的制海权来实现的。其他国家都无法想象可以拥有如此不可替代的优势。

如今，在中国被迫走向共和一个世纪之后，我们看
到一个新的断层线出现在地球的表面上。正如当初在地 xvii
中海那样，这一次也是在海上，从北到南穿越中国东海，延伸到南中国海。在这本书所提出的范式之内，这条被有些人视为西方国家对中国进行海上包围的边界，看来注定将成为全球化时代的一条主要的断层线。欧亚大陆的西部边缘，在历经数百年的围困后突破了重围，约于两百年前到达了东部边缘。雄踞东边的大国中国，用这两百年时间对自己旧时固守的大陆战略进行了重新定位，开始拥抱现代公共管理和经济生产技术，并意识到新时代的发展确实需要海上实力。

日本在这方面的革命要立竿见影得多，这一点毫无

疑问。但在20世纪之交，日本向岛外的扩张，进一步加深了两次鸦片战争（1839—1842及1856—1860）时开始出现的新冲突边界。太平洋战争（1941—1945）将美国人与欧亚大陆的东端绑在了一起，正如欧洲抗击希特勒的战争（1939—1945）在西端造成的结果一样。1949年中国转向共产主义，东亚变成了冷战的主要舞台。随之而来的朝鲜战争（1950—1953）和越南战争（1954—1975）继续侵蚀围绕中国沿海的边界。[4]

几个世纪前强大而持续的战争动力，促使欧洲沿海传统的弄潮儿们渡海逃避宗教压迫，从许多方面来说，这一切给新断层线的出现提供了合理的解释。这些人在远方的土地上发掘出难以想象的财富、权力和影响力，并在此过程中使全球成为一体。可以肯定的是，这一全
xviii 球化进程扰乱了世界各个文明的内在动力，令它们全部陷于混乱。而那些在这场破坏性冲击中幸存下来的文明，从此便在海洋引导下的全球秩序中扮演起新的角色。中国近年来的崛起，使它在不久的将来会成为最能与美国抗衡的力量。然而，鉴于中国的大陆基础一向脆弱，其力量所及相较于美国仍相当有限。但在其历史性突围的过程中，西方世界也为其他大陆边缘改变了玩法。这场游戏不再是关于核心与边缘，而是关于各边缘之间如何更有建设性地相处。旧时剧情下的战略思维模式，在新的背景下无论如何都难再奏效。

对于我来说，与王教授的这一系列对话极为刺激，他提出的那些想法寓意深刻，对我看待世界历史事件的态度将有深远的影响。但最重要的是，他对形成现代国际局势的那些历史动力的理解，将为我们解决——至少是纾缓——世界各国之间目前的紧张关系提供新的选择。我们所谈论的是在国际关系研究中出现的范式转换（paradigmatic shift）——不仅仅是在历史和区域研究等明显受其思维方式影响的学科上。

注释

1. 有关十字军东征及其对全球政治和宗教间关系深刻而持久的影响，请参见 Karen Armstrong 极富启发性的著作 *Holy War: The Crusades and Their Impact on Today's World*（New York: Anchor Books, 2nd Edition, 2001）。顺便说一句，根据《牛津英语词典》的解释，“十字军”（Crusade）这个词只是后来追溯时才开始使用的，这个英文单词迟至 1757 年才出现，即在法语中以 *croisade* 指称对圣地的一系列军事出征大约一个世纪以后。
2. 参见 Roger Crowley, *Empires of the Sea: The Final Battles for* xix
the Mediterranean, 1521 - 1580（London: Faber & Faber, 2008）。
3. 关于这个地区的历史，请参见 Paddy Docherty, *The Khyber Pass: A History of Empire and Invasion*（London: Faber &

Faber, 2007)。

4. 需要顺带一提的是，20世纪末以来，美国在中东和阿富汗加紧了军事进程，进一步揭示了三千年来海、陆国家之间持续存在的冲突，这也是本书所讨论的内容。

第一章

核心与边缘

对谈人：黄基明（黄）

王赓武（王）

中国进入全球时代

黄：王教授，让我们先从中国作为民族国家（nation 1
state）这个概念谈起吧。1911 年中国变为共和政体，这对很多中国人来说肯定是天翻地覆的事。它无疑颠覆了一种已经存在了数千年的世界观。在此后不到 40 年的时间里，一种共产主义形式的政权取而代之，成为统治这个国家的范式。

王：确切地说，这一剧变更多的是民族主义而非共产主义范式的积淀。中国成为民族国家，肯定会令大部分中国知识分子感到非常陌生——对于他们来说，要适应这样一种新的、革命性的观念，就要离弃中华帝制传统，就要离弃儒家及历史上诸子百家的理念。在这个意义上，中国发生的革命首先并不是一场共产主义性质的革命，而是民族主义的革命。

从帝制皇朝转变为民族国家，他们需要经历一个去
2 旧迎新的阶段，需要抛弃过去，以全新的眼光审视中国、想象一种新式的国家。必须指出的是，从 19 世纪末到 1949 年，早期的中国各派学者对其他传统进行过值得钦佩的大胆探求。换句话说，他们确实是非常严肃认真地看待西方的。现在的我们往往淡忘了他们。但实际上，他们中的很多人确实进行过大量的世界史研究。他们尤其关注西方的历史——为什么西方如此成功？他们想找到答案，并且很快就注意到，西方历史与中国或东亚的历史是多么不同。

那么，根本的不同是什么呢？我想，他们在将柏拉图、亚里士多德、古希腊及其他欧洲经典译介到中国时就已经发现，没有世界史这回事。他们阅读、翻译以及为中国读者重新诠释的，明显只是欧洲的历史。但他们同时也在获得某种思想，这实际上是非常重要的思想。他们发现，中国在西方眼中竟处于文明的边缘。突然间，世界的中心原来在“那儿”而不在“这儿”。于是，中国该怎么做才能成为那个中心的一部分，或重振旗鼓成为一个可以与之分庭抗礼的中心，这件事，开始萦绕在他们的脑际，并且在后来很长的一段时间里挥之不去。但世界上存在另一个古文明中心，且其截至 19 世纪的历史都证明了它比中国成功，这一认知激励了中国学人的

励精图治之心。当时所有的社会科学，甚至包括经济学在内，对于他们来说都是全新的领域，所以他们开始吸收一些社会科学的视角。但最令中国受众印象深刻的还是历史学家，因为历史学家将他们置身在世界历史中，这对于他们把握住由此何去何从非常重要。

而他们得到的一个基本的认识就是，他们所要应对的那个成功的文明中心基本上在环地中海区域。他们认识到，西方对历史的解读源于古埃及，来自巴比伦王国。 3
在那一地区，互相较量的政治和社会制度在激烈争斗中演进；最终是希腊压倒埃及模式、巴比伦模式，尤其是与之针锋相对的波斯模式，推动了城邦（city states）的兴起。这些城邦在历史上确实非常与众不同。它们是一些微型组织，而其他都是大国——埃及王朝控制整个尼罗河流域；巴比伦王国统治整个底格里斯河—幼发拉底河流域；最终，扩张的波斯帝国因循了过往的模式——历史上因而传颂着希腊人抗击波斯人的伟大故事。中国人在引介西方历史时，应该已经看到了那两种政体之间的相互争斗。到头来，雅典人的理念败给了斯巴达人，败给了亚历山大帝国。亚历山大的帝国理念无疑与波斯帝国如出一辙，罗马帝国更是别无二致。但深究起来，那种“微型参政统治”（rule by miniaturizing political participation）的不同路径还是保留了下来，他们从不把帝国的官僚体系太当回事，这也使得向城邦理念的回转贯穿了整个中世纪，直到近现代。从深层次上说，小型政治单位的理念生生不息地存在了下来。

黄：所有政治基本上都是本土政治……

王：对。小的单位按照意愿结合起来形成大的体系，但根子肯定在本土。希腊的理念向公民社会理念演进，这基本上也是今天仍在发生的事。

这时，中国人从书里了解到这一切，意识到他们的情况非常非常不同。他们意识到，与之针锋相对的那个文明的中心出自地中海地区，因此他们就产生了一个问
4 题，即是否有某些使那个中心赖以维系的东西——比如道德、宇宙观、哲学、宗教或精神上的——与中国的非常不同。不管那种东西是什么，它都是从古埃及王国及巴比伦王国然后到罗马帝国及至欧洲其他部分，这样一路演进而来。那么，那种根本的不同到底是什么呢？

这边厢，中国人也发展出一个帝国，而且他们的帝国跟罗马帝国有很多共同点。例如，它也有一个官僚体系，尽管你可以看出这两个官僚系统本质上不尽相同：一个是以武士阶层为基础的，另一个是以文官为基础的。正是这种不同令两个帝国的发展走向南辕北辙。

宗教思想也各异。犹太教、基督教及至伊斯兰教都源自一神观念。实际上，古埃及人已经孕育出了一个一神论体系，但这种一神的观念历经相当漫长的时间，才战胜其他诸神而成为主导。犹太人历经千年，但还是接

受了这一观念。其实，犹太人应当说是始于埃及的，摩西的故事就是个埃及人的故事嘛。其他许多地区不接受这种一神的观念。特别是在中亚和南亚，那里盛行其他各种宗教。

我的理解是，中国人意识到，这种一神方案不是那么容易就能纳入到他们的泛神论信仰体系中来的。但中国人还有一个基本的超越性观念，叫作“天下”。这里，“天下”所象征的可能是、也可能不是神，“天”尽管有独一无二性，但它是否等同于神，这一点还是见仁见智。这也是基督教宣教组织在中国长期以来备受困扰的一件事。皈依基督教的中国人往往试图调和这种分歧，他们声称“天”就是上帝、救主，于是就有了“天主”这种说法。

耶稣会士非常擅于超越这类分歧。他们把“天” 5
“主”这两者糅合在一起，颇能打动一些中国人，从而能将他们从混乱的本土泛神观念中争取过来。而儒家及其他传统教育熏陶出来的中国知识分子则不为所动，仍继续探讨其他路径。最终他们从西方拿来的，对他们最有吸引力、对他们的个人见识不构成威胁的，是世俗主义（secularism）——现世科学。或者说18世纪及19世纪的后启蒙（post-Enlightenment）时代的世俗主义与科学，是所有他们能够接受的那些随科学革命而来的东西。一神信仰和微型政体对他们来说很难接受。

这就在某种程度上解释了为什么在19世纪，中国的知识分子在放弃了儒教治国之后，转向了民族主义和共和政治。他们所借镜的模式是世俗与科学的欧洲，精神与宗教部分则不入他们的法眼。他们确实认识到民主和共和思想是古希腊—罗马传统的一部分，而且这一传统确实产生出了科学思维、逻辑、数学，等等。但他们接受不了犹太—基督教传统。他们开始理解现代世界其实是从法国大革命以降。法国大革命给他们提供了他所要的模式——世俗、进步、科学，而他们对笛卡尔（René Descartes）之流进行的一神论推导则不屑一顾。

与此同时，他们还意识到在地中海地区，犹太—基督教文化传统与古希腊—罗马传统的联姻——请允许我借用欧洲人时下这个说法——所产生的思想碰撞创造出了无比强大的文明。这一结合最终催生了世俗、现代、
6 理性的后启蒙时代的世界。这可能就是中国知识分子所看到的。无疑，这一视角令人难以接受地将中国推到了世界历史的边缘位置。但正如你所看到的，这一视角多少也有些狭隘。仅举一例，这里涉及两个边缘——东亚和南亚。某种意义上，它们之所以处于边缘，是因为它们有些自身特有的东西。

世界史的核心

现在我们来看看最有趣的部分，相信也是让中国人

和其他人无比困惑的部分——欧亚大陆的游牧部落在历史上所起的作用。他们是两三千年来欧亚大陆上的一种另类存在。如果说中亚游牧国家可以被视为一个文明中心的话，那么就连欧洲的地中海区域也成了边缘，正如中国成为边缘那样。承认中亚在世界历史上的核心作用，就使中国与其余国家的处境不相上下了。不管怎么说，来自中亚的威胁一直是中国历代皇帝的心头之患。

有趣的是，西方一直都难逃这个定数。他们的遭遇总是大同小异：遭遇塞西亚人、印度—塞西亚人，各种匈奴人直到鞑靼人、蒙古人、突厥人——还有俄罗斯人！为什么呢？因为俄罗斯如今已经被吸收到欧亚核心来了！

如果我们接受欧亚大陆为文明中心，那么它也就成为世界历史的核心，而所有其他部分都因此成为边缘——东亚、南亚、西欧及地中海地区。随之，研究每个边缘与核心相互作用的方式，就会给中国一个有效的重新诠释历史的机会，而不再需要以从属于其他边缘的方式来诠释。

黄：世界史该有一个核心，一种完整而平衡的叙事是可能的。

王：对。现在的事情对于中国人来说确实讲得通了。 7
整个中国历史成了大陆性的，因为人类历史的推手——中亚——总是迫使中国人向内陆看。中国的防御总是针对这个核心，总是在抵抗不时从大漠中杀出来挑起战事的凶猛骑兵。所以整个中华文明是建立在将中国人区别于那些人的基础上的。在这个意义上讲，即便对于中国人来说，世界的核心也不是中国。这个核心实际上是欧亚大陆，在与之区分的过程中，中国人创造了一种出于自卫的文明。

或许于他们来说，更准确的说法是，世界有两个中心——他们的以及欧亚大陆的；在两者之间的周旋实际上就构成了世界历史。南亚和地中海地区各居一隅，因此对于他们来说有点不相干。

经过抵御欧亚大陆，中国演变为一个富有而强大的文明中心，创造了一种另类选择，并前赴后继地竭力捍卫他们与游牧民族针锋相对的价值观。如果历史可以这样诠释的话，那么欧洲在海上得胜的阶段就只是历史的一瞬。如果从葡萄牙人的兴起开始算起，那只不过是三四百年而已。实际上直到18、19世纪，海洋国家才取代了欧陆国家的势力——而且并不是完全的、彻底的。就连冷战也是海陆力量之间的较量。

苏联在1990年代初瓦解了，但你看，现在连美国也想介入中亚。它想在吉尔吉斯斯坦和乌兹别克斯坦设立基地，因为美国人意识到，他们不能只从海洋这一个角度看问题。对于像英国这种比较小的岛国来说，单从海洋着眼还说得过去。大英帝国确实树立了一种特殊的模式，但那只是一个短期模式，只持续了一两百年。而它

最终不得不转而均衡地发展海陆力量。 8

这有助于中国人了解自己的历史：大陆阶段产生了中国文明；然后他们在海洋阶段失手了。后者打垮了他们的文明，使其一百多年来一直在努力恢复元气。但既然中国已开始复苏，就绝不能错失发展海上力量的时机。他们感到，如果没有一支强大的海军——这倒不是为了攻击任何人——他们将不堪一击，将根本配不上海陆力量均衡的新强国的称号。

在这一点上，中国就像美国一样，都是海陆两栖的国家。如果你从一个更广阔的视角来看，就会看到中国人希望——这仍然只是个希望——他们可以提供另一种看待世界的方式，一种可以与现时盛行全球的地中海海洋文化相抗衡的政治文化。中国人已经成功地在陆上实现了强势，而俄罗斯人迄今在这方面都很失败。但俄罗斯人可以对中国人有利，而且假如双方能相安无事的话，两国之间可以达成确保大陆内部关系不致恶化的一致行动。这样的话，中国就有机会在海上也建立起自己在全球的一席之地。他们可以提供另一种选择，至少可以指望自己在西方主导的世界上不是个被动者，而是同样与世界历史息息相关的合作伙伴，并使自己提出的不同观点能够最终得到西方的尊重。我认为这是他们最终所希望的——他们不想成为一个主导性核心的一颗卫星。这种可能性激发了他们。

9 黄：在我们沿着这条令人兴奋的思路展开之前，我想先请教一下，您如何定义欧亚核心？什么是核心，什么是边缘，它们之间是一种什么样的动态关系呢？

王：人类进化的阶段之一是游牧阶段。草原游牧阶段在欧亚大陆的心脏地带得以幸存下来，因为在那些地方，农业并不是人类社会发展最有利可图的方式。随着时间的推移，其中的一些牧民开始定居下来以务农为生，主要是在尼罗河以及两河流域沿岸，还有印度河和黄河沿岸。于是，农业国家开始演进。这些都属于非典型性的。他们是从某些仍旧存在的东西中演变而来的。核心依然存在——最初仍然是游牧民族。游牧民族代表了更为原初的人类境况，而中亚的地理状况也使他们得以存在了很长很长的一段时间，实际上直至进入现代时期他们也依然存在。[1]

他们从来没有失去表达自己生活方式的能力——现身说法，并尽可能地将自己的生活方式强加于他人。当然，他们中的许多人在迁移到阿拉伯世界、俄罗斯、中国时，实际上已进入了农业文明。对了，还有北印度！说到底，谁是莫卧儿人？莫卧儿人就是突厥化的蒙古人的后裔；他们就是从唐朝手中夺取了怛罗斯要道（Talas Line）的那群伊斯兰化的人。虽然固守佛教信仰的那部分蒙古人相对比较克制，但接受了伊斯兰教的那部分人却有不同的使命，他们一鼓作气拿下了北印度。这些穆斯林统治了印度河—恒河平原很长一个时期。德里的苏丹国（Sultanate of Delhi）一直存在到1857年，也就是说有六七百年的历史。他们是穆斯林统治者，他们没有试图让每个人改宗；只要印度教徒跟他们还过得去，他们就不想庸人自扰。而信奉多神的印度教徒是非常随和的。对他们来讲，再多一个神又有何妨？

核心不断向外推进，但始终存在着。它无法转变为 10
农耕社会，因此就这样持续下来。反倒是农耕社会受到它的压力；而且它还真的很能施压。直到20世纪，世俗、现代、科技世界才终于战胜了这个核心。现在发生在蒙古的事情绝对是悲剧性的，但同时也完全是自然而然的。蒙古人如今在做什么？他们在开矿，并且在努力创建民主。旧的一切已破坏殆尽。一切都走到了尽头。人类发展中的一个阶段差不多告终了。

核心现在彻底瓦解了，以苏联的解体为例，原来的边缘正开始占据核心地位。土库曼斯坦、乌兹别克斯坦、吉尔吉斯斯坦和哈萨克斯坦这样的地方深受俄罗斯各方面的影响，以致伊斯兰世界这一重要组成部分现在世俗化的程度，是阿拉伯世界中前所未有的。阿拉伯世界对此抵制过，但最后会以失败告终。甚至连土耳其也是这样。土耳其曾是那些核心国家中最成功的一个，但被西方灭掉了。俄罗斯人灭掉了其他突厥人，莫卧儿人逐渐印度化了。所以，到头来，核心不再稳定，现在正对内构成威胁。

自19世纪以来，边缘现在第一次有了发言权。我们现在看到的是边缘之间的较量。在这方面，我们要问的是，中国能在多大程度上顶住最近来自西方的变化，它是否能提供别样的、某种与英美世界所倡导的世俗和科学立场差距不太悬殊的选择？这就是英美世界对中国如此担心的所在。他们现在放心不下是因为中国是唯一可
11 以提供另类选择的地方，别无他人可以做到。世界的其余部分只是英美世界的延伸，甚至包括印度在内。看看印度知识分子写作的方式，他们与英国人或美国人几乎没什么区别。而另一方面，中国人就不是他们那样的写法。为什么不是呢？

日本一直试图成为另类选择。他们确实不同，但似乎不够强大。他们大谈其例外论（exceptionalism），但他们的例外正是因为他们还不够强大。中国现在面临的问题是如何不要引起别人的畏惧、如何让别人信服中国是和平崛起。

黄：说到这里，我想到了在阿富汗一再上演的大博弈（Great Game）…… 或许那便是边缘对核心构成实质性威胁的地方。

王：是的。我想是这样。英国人很久以前就发起了这场博弈，但是失败了。他们一次又一次地失败了。俄罗斯人也尝试过，但同样失败了。然后美国人来了……

黄：处于21世纪的我们，不就是处于核心—边缘摇摆不定进程的新阶段吗？

王：但我认为，这个核心也只是苟延残喘地再自我维持一阵子而已。由于现代科学、通讯技术、现代管理方式的出现，以及对空中、海上和网络空间的征服，欧亚核心的好日子快要到头了。它曾经辉煌一时。但你可以看看蒙古，看看哈萨克斯坦，你就知道他们要往哪里去。他们现在注定要成为城市化疆域的延伸。

黄：对于中国人来说，大陆性的威胁肯定不像从前那么令他们心烦意乱。

王：如今他们面对的是俄罗斯人和伊斯兰教。而在南部，印度代表了西方往西藏的推进。 12

说到我们所感兴趣的内在动力，中国历史本身就能告诉我们很多。考古学的发现表明，夏朝（约公元前2100—公元前1600）甚至更早以前，中国文化具有相当程度的游牧性。随着农业的发展，务农的人们发现，如果继续以小农形式存在下去的话，他们就无法真正地保护自己。老子（约公元前6世纪）提倡归隐，但那种鸡犬相闻的田园理想，根本不可能幸免于游牧民族的入侵。农民很容易受到流动骑兵的伤害，所以不得不修建围墙藩篱来抵御敌人。但骚扰并没有因此止步。直至这些游牧民族萌生出建立一个稳定国家的想法，不想继续在马背上游荡下去，才总算超脱了出来。

游牧民族没有首都；他们四处闯荡，来去无踪。你会注意到，上古时代的中国人也没有首都，他们也是居无定所。商代（约公元前1600—公元前1050）的统治者多次迁居。甚至到了周朝（约公元前1056—公元前256）仍数次迁徙。不过，周朝时出现了天子统领诸侯以对抗游牧民族侵扰的想法。那时他们已经在北边修筑了部分防护墙，要将游牧民族排斥在外。他们彼此之间毫无疑问也在争斗，但在抵御外族入侵上最终不得不认可一个权威。但发展到这一步用了将近一千年的时间——从商朝末年历经孔子的春秋时期（约公元前770—公元前475），一直到战国（公元前475—公元前221）。

从千邑林立，到数百个小国并起，再到战国七雄逐
13 鹿，政治单位的数量持续不断地减少。在此过程中的每一步，他们都在抵抗游牧民族的同时试图巩固自己的农耕之国。在这个话题上，我深受历史地理学家欧文·拉铁摩尔（Owen Lattimore）《中国的亚洲内陆边疆》（*Inner Asian Frontiers of China*）[2]一书中描述的移动的边境（moving frontier）的启发。他促使我想到，在大陆真正的游牧领土和农业地区之间总是存在一个中间地带，谁控制了这个中间地带，谁就决定了世界的历史。

在周朝和秦朝（公元前221—公元前206）之间这一时期，这个中间地带一直是个主要问题。当时的游牧民族被称为“匈奴”。我们无法十分肯定他们是什么人，但

有可能是突厥人的祖先。中间疆域上散落着耕种的农民。这是一个可移动的边界，是一个将双方分隔开来的有用之地，让他们可以相互招架。这一方强大起来了，边境就推过去，那一方强大了，边境就推回来。我不想过分简单化这件事，但这里面有一种节奏感。

黄：对丝绸之路的觊觎就是这种战略调整的一部分，不是吗？

王：正是如此。这是对强大的欧亚核心周围其他农耕边缘的承认，不是吗？古巴比伦和印度河谷有些强大的国家。丝绸之路成全了与这些其他民族的接触。游牧民能生产的东西很少，能与之交换的，最多也就是些兽皮和马匹。但其他地方的民族能制造出各种精美的产品。所以丝绸之路要与其他边缘连接起来；但这么做总是得有欧亚强权的许可。换句话说，为保持丝绸之路的开放，你必须跟欧亚强权相安无事。毕竟，他们是控制要道而不是控制边缘的人。他们不高兴的时候，可以随时断了这条路。

但是，只要他们认为这事对他们有利，他们就会保 14
持放开的态度，坐等分成就行了。所以他们有时不但不打你、不侵犯你，还在这里那里建起了星星点点的绿洲，随你去搞贸易，他坐享其成。贸易是你必须做的，但你又绕不过他的地盘，这是一种相当息事宁人的安排。所以历史上有这么一个时期，欧亚没有战事，整体上都出于各自的利益而愿意保护丝绸之路。居于边缘地带的民族必须走丝绸之路，这就再次确认了欧亚陆地的中心霸权，也就是游牧民族的势力。

如果这样解读全球历史能站住脚的话，那么中国人就可以把自己与另一端的边缘看作是一种半斤八两的关系，而后者不管怎么说，也才不过称霸了大约二百年的时间而已。

直到18世纪末，当他们终于掌控了海洋时，英国才真正成为主导力量。这一点在罗伯特·克莱夫（Robert Clive）和沃伦·黑斯廷斯（Warren Hastings）这样的人住在印度时最为显而易见。[3]一旦法国人和荷兰人靠边站了，英国人就基本上成了呼风唤雨的角色。最有意思的是，英国人有史以来第一次成为了欧亚势力的替代者——并且是在全球范围内。在那之后，英国人毫无疑问输给了美国人。

为什么输了呢？因为美国人有一片大陆可以立足，而英国人没有。你看，如果没有大陆作为立足之地，纯粹的海上力量永远难以为继。因为在那样的情况下，你将永远处于周边。你依靠海洋生存，深入陆地就要甘冒风险。我们都说帝国主义如何如何，但实际上，英国海军要闯入亚洲大陆是非常非常困难的事。

事实上，英国——还有美国——的势力本质上是跟港务系统有关的。新加坡就是个活生生的例子。葡萄牙

人设定了模式，就是控制了关键港口和海上通道。他们
无法深入内陆。西班牙是个例外，但程度有限，只有在 15
没有遇到阻力的情况下才能成事。他们在菲律宾成功了，因为没有农耕国家抵抗他们，除了南部的棉兰老岛。

黄：在马来半岛，英国人于 1786 年建立了槟城港，又过了长达一百年的时间才进入霹雳州，这才算差不多登上了半岛。

王：在很长一段时间里，英国人甚至没有做此尝试。他们没兴趣一试，他们不想承担那么大片领土的管辖责任，他们只想要个岛！你看他们多么聪明——他们感兴趣的一直是岛屿，他们专拣容易防卫的——槟城从很多方面说就是个很好的例子。这事是从葡萄牙人取得果阿、马六甲、澳门及几个“香料岛”开始的。他们从没有往内陆挺进。

葡萄牙人本想在长崎一试身手，但日本人把他们赶了出来，因为耶稣会士已经成功地把日本人变成了天主教徒。荷兰人其实起初也是这样的，他们并不想要印度尼西亚群岛，甚至没想要爪哇岛，他们有巴达维亚和马六甲就欢天喜地了。

到英国人进入印度时，情况就大不同了。从许多方 16
面来说，这是悲剧，是大英帝国的终结。这一行动并不符合其沿海贸易的商业模式。但东印度公司最终卷入到印度人的内部纷争中，接管了马德拉斯（Madras），又接

管了孟加拉国。内斗把他们拉了进来，他们不得不帮着一方反对另一方。于是他们就想：“好吧，我们只是要把生意做大！”从理论上说，没错，或许是这样，但 1857 年的印度兵变（Indian Mutiny）真的让他们陷入了泥沼，而且基本上瓦解了大英帝国。那之后，他们在别的地方也屡屡失手，因为他们对印度的统治已骑虎难下。

黄：所以，1874 年，他们不得不关闭了东印度公司。

王：一家公司可以应付几个港口，甚至是一连串的港口，但应付一个帝国？怎么应付得了？事实上，早自 18 世纪末开始，官方就已经介入东印度公司了。每当政府发现公司力有不逮时，便会投入更多的海军力量。

但他们在海上首先要打败的真正对手是法国人。法国人在 1809 年至 1811 年的毛里求斯战役中败北，于是被排挤出了印度洋。在英国的默许下，印度的本地治里镇（Pondicherry）留在了法国手中，因为他们已经相安无事了。

但是，从黑斯廷斯一路到印度兵变，英国人在卷入印度的大陆冒险活动之后，发现自己陷入了困境。印度——所谓大英帝国“维多利亚女王皇冠上的宝石”——实际上是他们的“阿喀琉斯之踵”。他们已经扩张过度了。当然，仅靠少数人设法捍卫着这么庞大的帝国，并且不断创新，堪称辉煌的壮举，那正是美国得到的遗产。美国人非常用心地研究了大英帝国史，并从中了解他们所继

承的是什么。基本上他们是要完成英国的未竟事业；而
要完成这一事业，他们需要成为唯一的超级强权。在与
苏联对抗了40年之后，他们实现了这一点。1990年代是
一个时代的结束。这是对欧亚大陆完全征服的一刻，它
标志着大陆国家在与海洋国家的斗争中失败了。东欧彻 17
底崩溃了，几乎所有国家都被西欧体系吸收。俄国不得
不全方位撤退。这时五角大楼和欧洲的战略智囊们指出，
还有最后一个大国在负隅顽抗——这就是中国。

黄：这么说，他们是完全将中国人看成是大陆属性的。

王：是的，他们同时也看到，作为英美帝国体系需要攻克的最后一个陆地大国，中国的发展是想要超越大陆的局限。他们知道中国人正着手树立海军军威，正在转向航空航天技术和网络空间。而所有这些都是重塑世界的变革性技术。中国人学得很快，正在呈现跨越式发展。

黄：后发优势……

王：后发者确实有其优势，但他们仍然依赖于西方，因为所有的技术都是从西方学到的。但基本上说，中国必须成为海上强国。从历史上看，他们一直很不情愿这样做。他们在15世纪时本来有这样的机会。从宋代（960—1279）一直到明代（1368—1644），有大约三百

年时间，中国实际上曾是个海上强国。他们称霸中国东海和南海，可以一路航行到印度洋。但他们放弃了，因为在某种程度上，他们非常传统，断定那些地方不存在真正的威胁，所以何必浪费资源呢？如果外面的人想做交易，欢迎他们来中国好了。葡萄牙人那时还没有出现呢，你看到了。

而对于中国来说，来自大陆的威胁倒是实实在在
18 的——蒙古人和其他民族一直在不断地入侵。在那里，你看到的是中国历史上经典性的分隔。他们将所有资源都从沿海地区调配过来，投入到修建长城中去，把所有分散的点位连接成线，其实这么做还是蛮有道理的。他们花了一百年的时间，这期间所有的资源都调往长城了。我们知道，最终他们失败了。对于他们来说，游牧民族还是太强大。最后的结果是满人和蒙古人联手，在一些汉人的帮助下，推翻了明朝。这下情况更糟了，因为这下中亚核心实际上已经接管了农耕社会。清朝本质上是满蒙合伙，加上些汉人的参与，攻克了农耕社会，并利用耕地制度来保障自己的权力。他们采纳了儒家体系，并不是因为他们是儒家，而是因为这是能保障其统治三亿人口的方式之一。否则的话，你怎么管得过来这么多人呢？

但满蒙仍继续是游牧型的政权，还是游牧民族的思考方式。这就是为什么他们进入了西藏和新疆。这是非

常非汉族性（un-Chinese）的扩张。只有像蒙古和满族这样的民族才会做这种事。汉人永远不会搞这样的工程。

黄：为了做到他们所做的那些，清朝必须既是农耕也是游牧的社会。

王：满族就是集两者于一身；我跟你说，他们干得很漂亮！你看前三位清朝皇帝——康熙、雍正、乾隆——他们真的是了不起的皇帝，自秦汉以来最强有力的皇帝。中国古代最有活力的时期是从秦始皇（公元前221—公元前210在位）到汉武帝（公元前141—公元前87在位）这段时间，约130年左右。而从康熙到乾隆末年这130多年（1661—1796）则是中国历史上最强大的 19
时期。这些皇帝既“着陆”也游牧。他们由北部南下，是欧亚核心接管农耕国这一伟业的一部分。他们接着又把清朝的边界向西推进，到了以往任何朝代都不能企及的程度。

宗教对政治的左右

黄：唐朝（618—907）在这一背景下的情况如何呢？

王：唐朝基本上经营着丝绸之路。唐朝就像葡萄牙和大英帝国，控制着港口城市，但也没有太超过这些。游牧民族设法守住核心，而唐朝的中国人则控制着绿洲、把持着要塞。但即使如此，这种平衡也只是在一定程度上有效。中国人守在新疆以内。他们没有超出这个范围，并没有控制中亚的费而干纳（Ferghana）和撒马尔罕（Samarkand）。那些地方他们鞭长莫及。

当时的重要因素是阿拉伯人来了，伊斯兰教来了。换句话说，另一个边缘也在向核心区域推进。唐朝这方面的姿态是防御性的，而另一方的姿态则要积极进取得多。既然征服了波斯，阿拉伯人就已别无选择。他们继承了波斯帝国，而波斯帝国便是中亚。在几个世纪的时间里，早在阿拉伯人入侵之前，波斯文化遍及中亚各地。在中国唐代时期，逊尼/什叶派的教派分歧在穆斯林中还不严重。他们同属一个倭马亚（Umayyad）王朝（661—750）。

总之，阿拉伯人进入了中亚，而他们最大的成功是对抗印度—塞西亚人，后者是景教教徒（Nestorians）、犹太人和袄教徒（Zoroastrian）。阿拉伯人把他们都打败了，甚至连印度人，即现在巴基斯坦境内的印度教徒和佛教
20 徒，也都成了穆斯林。波斯的边境千疮百孔——像如今的阿富汗——他们几乎没有遭遇抵抗。因为那边没有大国，只有绿洲里的前哨部队。阿拉伯人把他们一网打尽，并在另一端与唐朝作战。

人们今天谈到公元751年的怛罗斯之战时，会将它作为中国人与阿拉伯人之间的历史性冲突。对于阿拉伯人一方来说，这一役确实很重要，因为它为阿拉伯/穆斯

林的影响划定了一条界线。而对中方而言，这只是小事一桩。他们损失了一些人马，并没有将此太当回事，唐军主帅是一个叫“高仙芝”的高丽人。中国的史料中确实提到了怛罗斯，但只是将它当成他们的一次小挫败。

但是，如果你从更大的历史图景看，这一役颇具意义，即这场战事使中国人与阿拉伯人泾渭分明、各占一边。阿拉伯人没有太越界。怛罗斯其实就是今天新疆与穆斯林国家之间的边界。阿拉伯人赢得了这块基地，伊斯兰教就可以通过让游牧民族皈依，把他们转化到西边去。

欧亚大陆的各部落基本上都是草原文化的一部分。但从这一点上说，我们所认识的蒙古人和我们所认识的突厥人之间就有所不同了。其分歧就在宗教上。中亚的人成了穆斯林，而东边的人仍然信奉藏传佛教。突厥人可能更具阿拉伯人、波斯人或欧洲人特征，而蒙古人则偏于蒙古利亚人种特征。但在突厥人当中，你也会发现，很多人也有蒙古人的特征。他们的分歧甚至不是一种文化性的分歧。他们作为游牧民族的生活方式仍然非常相似。

黄：即使在东南亚，我们也能看到伊斯兰教与佛教之间那种明显的界线。

王：这不是偶然的。它们分别代表完全不同的世界 21
观。他们僵持到了一个份上，两边都没有足够的力量再往前推进了，所以就达成了谅解，把事情放到一边了。但伊斯兰教竟能征服由印度教和佛教主导的马来群岛，这是非常不得了的事情！其实本来是能画地为牢的，让东南亚仍信奉印度教—佛教、仍存在于印度传统内，像印度那样。当然，苏菲派及其他伊斯兰教信徒很能干，将伊斯兰教以一种令印度教—佛教人士可以接受的形式传入，因此在印度取得了成功。他们在苏门答腊也如法炮制——在亚齐和更往南的地区。所以你可以看到，在某个时期，在发展大型政治和经济体系以延续满者伯夷（Majapahit）等爪哇岛国的存在时，所有的统治者都出于自身利益而乐于接受阿拉伯、印度的穆斯林商人做生意伙伴——但这回是在伊斯兰教的影响下。亚齐和马六甲原则上是通过使统治者皈依其宗教而实现伊斯兰化的。

基督教在日耳曼人和斯堪的纳维亚人之间也是这样偶然传播开来的。让国王皈依！这也是耶稣会在中国需要做到的事情。

所以说，这是一种基本的模式。一神教控制世界的方法就是通过让统治者皈依其信仰，没有别的办法。如果统治者反对你，你就不能渗透他的王国。这从罗马帝国时候就开始了。基督徒是什么人呢？他们是被扔去喂狮子的奴隶！毫无疑问是妇女在传教，在男人的帮助下。但整体上说，男人都不得不去打仗，然后被杀掉了！但有妇女保守信仰。有那么三百年，被她们说服皈依的只有奴隶。

这很快导致了国王的皈依，然后就成为一种行之有效的途径。在他们成功使君士坦丁大帝（272—337）皈 22
依基督教之后，罗马帝国变成了一个基督教帝国。他们所到之处，不管是法国还是英国，基督徒都会瞄准国家的领导者。有一本名为《爱尔兰人怎样拯救了文明》(*How the Irish Saved Civilization*) 的书显示，就是那些到爱尔兰去的修道士，最终使得斯堪的纳维亚和日耳曼的国王皈依了基督教。[4]

伊斯兰教基本上使用了相同的配方。在这里，你会看到宗教的力量如何克服世俗思想和所有其他的政治制度，而后者最终在一种超自然的、精神上的观念选择面前显得非常脆弱——因为这种东西是任何国王都无法给予的。但如果一个国王能够把他的实力与宗教信仰结合起来，那他就会所向无敌。毕竟，统治者是政客。他们会扬长避短、寻求正统地位：我可能在一场战争中打败一个人，但别人也会打败我。但假如我能确立我，以及我的后代，与某种比战功更重要的东西的关联，假如我所有的胜利都受到比我更高的权力的许可，那么我的合法地位就有保证了。这会给我一种了不起的优势。然后我还可以说我的子孙后代都具有合法性。

中国的社稷一开始也是这么搞起来的。周朝取代商朝的基础是什么？毫无疑问，他们赢得了决定性的战役。

但他们如何证明取而代之的正当性？这就是革命所要面对的问题。它源于正当起义的想法——它是正当的，因此是成功的。在取得成功的过程中，周朝将整个体系变成了全新的一个，这就是革命。“革命”这个词第一次使用是在《尚书》中，描述从商到周的政权易手，后来又被追溯理解为商朝取代夏朝的依据。周朝这种对历史的追溯解读赋予它自身以合法性。

23 那么它为什么能成功？因为“天”意呀！“天”这时是在政治上发挥作用，为周朝有别于前朝的新统治提供合法性的基础。它得到了某种超凡之物的恩准。这也使我们回到了中国人是否有一个能赋予国家合法性的宗教这个问题上。我认为是有的！我认为这时便已确立了。最近有一本相关的书，写得非常好，作者是余国藩（Anthony C. Yu）。[5] 我发现他这本书在论述商朝有宗教信仰这一点上非常有说服力。“天”实际上并不是周朝的思想——这是商朝时就有的想法。反过来，商朝时的这种想法，可能来自更早的时候，从农业社会出现时就有的，即认为有一种自然界的宇宙力量，其意志可以被人领会。

黄：这就是用乌龟壳占卜的时期。

王：龟壳卜卦肯定是其中的一部分——从中揣测“天”意，推天道以明人事。你卜上一卦，并解读卦象，以此来说明你要做的事是正当的。如果你有意出兵犯敌，你就先画符占卜一下凶吉，然后读象辞，读出“替天行道”的吉卦来。如果你打了胜仗，那就刚好印证了这一点——天意如此啊。

虽然商朝发展了这一观念，但并没有以一神论的方式从制度上确立它。你知道，在某种程度上，中东和地中海地区最具革命性的思想是政教分离的主张。基督徒提出，他们侍奉恺撒大帝与侍奉上帝有所不同，以此作为在罗马帝国生存的部分变通之道。他们必须设法赋予这些掌握权力的非基督徒统治者以合法性——那就是“让恺撒的归恺撒，上帝的归上帝”。这是前所未有的重大创新。埃及人从来两者不分，上帝与国王完全是一回 24
事。将恺撒和耶稣分而论之的想法真令人拍案叫绝！

这也是为什么基督教后来在历史上会回到世俗主义上来，而伊斯兰教为什么不能，伊斯兰教并没有将世俗统治者与穆罕默德及安拉分开而论。如果我们回到关于西方现代进步开端的讨论上来，中国人也明白，实际上这种进步源于恺撒和耶稣的分离，使基督徒得以发展出教会的神圣不可侵犯性。在教会里，国王没有话语权。而这并不适用于任何其他宗教。当时还有把国王逐出教会的想法。上帝可以惩罚他。他们怎么想出这一招来的？真是高明！基督教进行了分权，并在此过程中保障了教堂、修院的神圣性。统治者入内时无不俯首敬畏上帝。这些祭司确实非常聪明！

成功做到这一步之后，大学的基础就建立起来了——即教内的知识超越国家管辖的领域，并且由教会控制知识的想法。当教会可以做到这一点时，接下来的关键问题当然就是：大学能挣脱教会的左右吗？他们花了几百年时间来寻求答案。但是，他们能做得到恰恰是因为大学可以拥有被教会保护的知识。所以只要不反对教会，求知就可以继续，国家不能干预。于是，教会这种做法使一些学者得以探索知识的前沿，从圣托马斯·阿奎那（St. Thomas Aquinas，1225－1274）一直到文艺复兴时期。

25 欧洲人还发现，古希腊哲学家的著作在1453年君士坦丁堡沦陷之后全部被译成了阿拉伯语，并发现阿拉伯人一直在发展其中的想法。这些经典著作一经引入到欧洲世界，教会背景的知识中心就开始加以研究。不用说，这些古籍令他们惊讶不已。因为他们把它们全忘得一干二净了。是阿拉伯人保存了下来——在西班牙，在大马士革及其他地方。

欧洲本土政治的成功

黄：拜占庭人对古希腊哲学肯定仍是熟悉的。

王：显然是。现在我觉得这件事很奇特。拜占庭帝国的政权在教会事务中比在罗马帝国那边有更多的发言权，原因是神圣罗马帝国设想教皇有着世间任何统治者所不敌的超越性。拜占庭人就没有这样加以区别。对他们来说，他们的皇帝和教会基本上是沆瀣一气的，共同行使权力。这是我的理解。

说到罗马这边——这使我们的话题回到早先我关于微型政治单位的观点——构成日耳曼部落系统基础的，是对小单位的认可。日耳曼人总是对集权化的单位表示怀疑。他们的部族源于小型化的政治单位，领导人靠军事实力、胆识和勇气来获得合法性。这限制了神圣罗马帝国的集权，并且让这些小单位保留了下来，所以城邦保留了下来，小型农业国也保留了下来。一直以来，人们总是不得不诉诸教会，在做任何事情之前先要祈福。

我认为，这相当吊诡地成为欧洲成功的秘诀。它一
开始曾是进步的障碍，因为这种对知识的控制使人们很 26
少有机会去创新。任何事都必须符合教义。但最终，由于它也保护了知识免于政府的干预，因此时不时地，就会在系统内部、在对边界的冲撞中，出现尝试新思想的人。这些人都是修士或祭司，而他们的知识只要不违背《圣经》，就得以存在。当然这也是有限度的。每当矛盾出现时，锤子都会落下来。

宗教改革——实际上是革命——因文艺复兴而得以出现，柏拉图、亚里士多德，及其他年代久远的希腊哲学家的思想重新得到引介。从哲学上说，这些思想都非常有说服力。例如，对星空所产生的科学上的好奇心，

以及对星星与世界地理相互之间关联的探究，这些求知的行动是为了使《圣经》更为可信。但是，在某些时候，难以自圆其说的情况出现了，特别是在有关行星和恒星的运动方面。

到那时，整个结构都动摇了，新教运动爆发了。英王亨利八世（1491—1547）遇到的情况只是偶然的。真正的英雄是马丁·路德（Martin Luther，1483-1546），他的挑战是知识分子意义上的，而不仅仅是像那位大权在握的国王出于一己之私而行事。此外，路德的挑战是发自内部。他是一位饱读经书的修士，很长时间里都是个循规蹈矩的人，直到他再也忍无可忍了。他的决裂也成了衡量这个制度腐败的一个标尺。如果天主教会真的运作良好，如果它没被梅蒂奇家族（the Medicis）及其他那些进入教会的大政客加以利用，这个故事就会有所不同。但教会已经明目张胆地腐败了，人们都看在眼里。如果教会的腐败透顶不是已经昭然若揭的话，路德就不可能成功。

27 黄：已经水到渠成了……

王：水到渠成了！并不是因为有路德。德国人起而行之，瑞士人、奥地利人、斯拉夫人、法国人和英国人都动起来了。他们突然间都有了其他想法，因而产生了德西德里乌斯·伊拉斯谟（Desiderius Erasmus，1466-1536）或本尼迪克特·斯宾诺莎（Benedict Spinoza，1632-1677）这样的人。他们中许多人来自小地方，这毫无疑问，但他们在场。不是祭司的人也都受到祭司的教育——那时候每个受过教育的人都是在教会接受教育。

儒家秩序

黄：苏格兰也是类似情况吗？

王：是的，但是到很晚之后才出现的。他们一直等到18世纪。到了那个时候，宗教改革已经铺天盖地了。苏格兰人开始向瑞士加尔文主义者取经，但变革只触及拉丁世界的边缘。法国人最终退缩了，赶走了他们的新教徒——这些人就只好跑到荷兰，跑到英国和德国去。

黄：还有飘洋过海到美国去的……

王：到美国去。所以说，那真是一场重大的斗争。但这一切对中国并没有产生什么直接影响。现代时期有一种思想，就是要为中国人指出西方发展中他们可以领会但一直没有的东西。中国人没有政教分离这回事。但这并不是因为任何强大的意识形态上的排斥，并不是像伊斯兰教按《古兰经》教义进行统治那么让人受不了。

对于中国来说，没有政教分离是因为没这个必要，
而这就是儒家发挥关键作用的地方。我猜，要不是儒家 28
思想在朝廷那么成功，别的事情就可能会发生。例如，如果是佛教占了上风，那么中国的情况就会有很大的不

同。但儒家竭力维持了对局面的控制，为国家提供了稳定的政治基础，并且因为儒家就在朝廷里，所以无需搞什么政教分离。他们可以说代表着一种具有社会意识的教会，一种对来世并无太多牵挂的教会。这一世俗知识分子群体的受训方式——他们一起学习同一经典、完全沉浸在同一套读本中——在某种程度上说，他们接受的是修院式的秩序。而这种秩序对朝廷来说是必要的。事实上，朝廷实际上是赋予儒家思想以公共合法性的国家机器，而儒家思想反过来为军队、贵族等提供知识铺垫。二者已经结合为一体了，因此他们从来没想到要政教分离。至今依然如此。

中国依然有这样的根基。毛泽东以自己的方式，在不自觉的情况下，创造了国家机器与共产主义官僚机构紧密联系在一起的国家。科学社会主义的知识储备和国家的资源成了一回事，因此政教分离再次显得没有必要。

中国人并不是真的沿着西方的老路走。在西方，世俗化已经到了知识阶层实际上与国家分离的地步——知识阶层建设性地对国家进行批评，以保持国家诚实可靠。这一点是另外两种传统都有所缺失的，尽管中国人不像穆斯林那样极端。他们实际上有能力选择任何一种道路。
29 毛泽东实际上是朝一条道上推进。

中国人现在已经从毛时代的意识形态后退了几步，但他们也不打算走别的路。事实上，他们退回到了原来所处的位置。他们寻求的本质上并不是儒家思想，而是要寻求一群人的存在所需的平衡，寻求受过教育、训练有素、以国家和社会福祉为己任的人，寻求致力于确保国家正常运转、做事周正的人。他们还没有找到这种平衡，但这正是新的挑战。

我的理解是，儒家在介入私人事务上的取态是相当温和的。他们自视为传统家族本位的守护者。但那并不是源于孔子，而比孔子还要久远。在我们早些时候谈到的宗教中，早在商代，你就可以看到对家庭、传承、血统、祖先和家谱等概念的强调。那时就已经有了这种概念。一千多年之后，孔子只不过再现了这一观念，赋予它一种知识分子的风格和道德上的正当性，将之加诸每个受过教育的人身上，要求他们承担起应有的社会和政治责任。

所以家（family）这个概念的根扎得很深，非常根深蒂固。儒家又强化了它，不仅没有打压，实际上还给了它合法性和更清晰的定义，建立了天子（皇帝）体恤所有家庭及部族自主权的稳定关系，这些人又反过来服务于天子。孔子自己并没有这样明确地说出来，尽管他自己是这种传统观念的典范。他出来不是要掌管国家，而是要帮助国家更政通人和，帮助统治者更好地施政。他 30
为自己找到这样一个角色，他教诲了整整一代人要做同样的事情——永远不要掌权，而是要服务天子——“事君”。但他们失败了，他们所有人都失败了。

“事君”成功的反倒是法家，他们辅佐了中国第一个皇帝秦始皇（公元前259—公元前210）。他们说，你先要掌有权力，然后你才可能做些有益的事。没有权力，一切都是空谈。当然，战国时代也证明了这一点。诸侯争战，儒家束手无策，他们到处碰壁。道家也是。所有这些思想都失败了。其实我们真应该称那些成功者为现实主义者，而不是法家。他们对法律不感兴趣，他们只是想要权力。

他们明白，最终国家需要征税和戍边。这些才是第一位的，人必须生活。如果你没有军队、没有税收来支付军饷，那么善待人民、施行仁政等就无从谈起。你连生存都会成问题！申不害（卒于公元前337）等早期各派学者对管理国家事务感兴趣。在某种程度上，这就是我们今天所说的公共行政管理。申不害本质上并不是一个法家，他比法家出现得要早。有些人会认为像他这样的人是纵横家，也就是战略家。他们做着和儒家同样的事，但他们提出的不是如何做一个好的统治者、如何成功，或如何治理国家。他们提出的建言是如何征税、如何任用官员、如何招募人才，等等这些。这样产生出来的人既有法家也有儒家。在那些儒家中，也有最终视孔子为失败者的人。他们感到有必要拿出不同的东西来。这些人中便有商鞅（公元前390—公元前338）、荀子

(公元前312—公元前230）和韩非子（公元前280—公元前223）。

韩非子是荀子的追随者，一开始是个儒家。他认识 31
到儒家思想是行不通的，像与申不害同样出自法家传统的商鞅那样，韩非子认为他们需要一个能够把他们团结在一起的领导者。各国的争战正搞得民不聊生——生灵涂炭、耕地荒废、资源耗尽、国家贫困。他们必须联合起来了。所以他们将精力集中在他们认为胜算最大的统治者身上，而这个人就是秦始皇的父亲秦庄襄王。在80年至100年的时间里，几位秦国统治者建立的军队最终赢得了胜利，不仅以军事手段，而且通过官僚结构取胜。每下一城，他们就会扩展其官僚网，直至覆盖整个帝国。在此过程中，他们也建立起最强大的军事体系。

成功之后，秦军仍继续远征，深入到了根本不属于战国诸侯的地区。他们将边界延伸到高丽、蒙古、四川，进入到长江流域，直到华南地区。秦军一直打到越南。那是因为他们已经有了一个很到位的军事制度，已经所向无敌了。他们一路南下，势如破竹。这并非蓄意策划出来的。驱使他们攻城略地的并非帝国体制，他们太强大了，只是所向披靡罢了，像罗马帝国一样，某些方面也颇像大英帝国。所有帝国都有这种倾向。当你天下无敌的时候，你会得寸进尺，直到有人能挡住你。

在这件事上，秦朝之所以止步，只是因为秦始皇驾

崩了。随后是一个混乱的时期，然后到汉高祖时，国家
实际已经掌控了广袤的领土。这时这个官僚体系已经建
立起来了，那么谁来操持它呢？起初他们只是任用贵族。
这些贵族都是不同的学派教育出来的。不仅有儒家，也
32 有道家、法家，有墨子的门徒、阴阳家——他们都有某
种宗教背景。又过了五六十年，汉武帝（公元前156—公
元前87）断定对他最有用的是儒家。他做了这个决定，
是他个人的决定。他对儒家董仲舒（公元前179—公元前
104）非常欣赏，这你知道。他们一拍即合。

儒家的地位一直比较边缘，他们一直在谏言，但得不到什么重视，因为他们太理想主义、太讲仁义道德了。但这些人在管理方面相当擅长。所以汉武帝把他们引入朝廷，基本上将朝政都托付给他们打理。

儒家的原则如下：绝不僭越权力，始终事君以忠，知书识礼，学以致用、学以致其道，尽己所能辅佐皇帝。这一切总体上都是非常客观的，没有掺杂既得利益——同时也是现世的。孔子确实说“未能事人，焉能事鬼？”——来世不是我们的事，未知生，焉知死。你看，为什么要讨论我们一无所知的事呢？实事求是，“子不语怪力乱神”。

他们非常现实，非常实际，非常务实，很愿意与朝廷妥协。这一点非常重要。举例来说，道家就不情愿妥协。他们基本上意思是说权贵不可靠，“有不信焉”，这

可能是对的。但儒家说，不管你信任他们与否，你应该帮助他们，让他们改进！

你看，这是有区别的。他们殊途同归，都想要和平与稳定——“和平”、“天下为公”以及“天下太平”——说的都是同一件事。但是为了达到这个目的，儒家认为 33
你应该与统治者合作，实际上就是为统治者提供机制，使他们能够更好地治国。所以当他们认识到法家治国的理念已被秦朝建立起来了，而汉朝已经别无选择的时候，他们就干脆保留了秦朝这一套现成的东西。基本上，汉朝一开始做的其实是要缓和局面：他们引入道家，以此削弱法家的角色。他们在立法上“约法省刑”，执法从宽。但这还不够，最后还得有人打理朝政。你如何确保税收？毕竟，国家的两大功能是征税和戍边。你如何确保这些事务能够按部就班？举例说，道家在这方面就太模糊和不切实际，难以提供答案。

黄：文官和武官的区别是否就是从这时发展出来的？

王：我想是在此之前就有了。文武之别在战国时期就有——文官是天子周围提供咨询的策士，武官是带兵打仗的。在这一语境中，“士”这个观念非常有意思。“士”原本是用在武士身上的。但发展到了汉代，它用以形容政府机构中教育程度和智识较高的那部分人。“士”代表文臣，但这个字的起源是军事上的，就像“骑士”，甚至“士兵”一样。“士”最初是指任何能行使权力做事的人。文武之分一开始不是那么明确，但儒家对此越来越严格，因为他们认为，为了真正免于被怀疑成觊觎权力，他们绝不能拥有军权。你看，如果你握有军权，皇帝永远不会信任你，因为你永远都可以用你的权力对
34 付他。要绝对确保皇帝信任你，你就必须显示你没有权力！所以儒家思想观念的基础“儒”非常耐人寻味。有人说“儒”的原意是“弱”。在某种程度上，道家倒是赞同这种观念。柔弱胜刚强嘛。

黄：“天下莫柔弱于水，而攻坚强者莫之能胜”……

王：是的，水这种元素，你打不过也挡不住，所以你只能对它因势利导，这是它的属性使然。于是，为了建立类似的声誉，孔子的弟子们就对他的相关论述加以阐释，尤其是孟子，愈来愈强调这一点。到了汉代，“孝”这个概念与“忠”的概念被联系到一起。其实孔子从来没有做这样的联系。他确实谈到“孝”的重要性，但“忠”在当时另有涵义，它的意思是对自己要诚实，忠于你所信仰的东西，坚守你所信奉的理念、信条和学说。但在汉代，“忠”的涵义部分地由董仲舒等侍奉汉武帝的人所为，对儒家文本进行了重新诠释。这时的需求是要让这些人更能取信于朝廷。于是“孝”和“忠”就变得不可分割了。“孝”不再是一家之事，它成为教育孩子尽“忠”、效忠国家的必要部分。

其论点就是，如果你不“孝”，怎么能指望你“忠”

呢？所以，你为父母是否尽孝，能很好地说明你是否愿为你的统治者尽忠。所有这一切都来自孔子。一方面，区分孔子及其嫡系弟子是非常重要的；另一方面，儒学作为一个思想体系是从孔子的原初思想中衍生而来的，
它独立于朝廷，具有其自身的冲力和动力。然后就有了 35
作为国学的儒教（State Confucianism）。这三者其实是分开的。当然，儒教是另外两者的衍生物。它提出的是非常集中和狭隘的一套理念，代表了朝廷有意扶持、认为最有用的那部分儒家思想。

但如果你过于深究孔子的学说，朝廷也不会容许。例如，统治者的完全自主权可能会受到挑战。就像基督教新教徒说“我可以自己跟上帝对话”，儒家可以回到孔子，重新诠释原典：“以我的理解，这才是孔子的意思，你作为君主这么做不对。我有权利和义务告诉你，你错了。”这就是儒学。不是孔子的“子曰”，而是儒学。

儒教与儒学在某种程度上有冲突，而且如果你想在朝廷做事，你就必须接受儒教作为国教的局限。不想进入朝廷的儒生就会留在外面，但要接受这样一个现实，即他们影响事件的能力会非常有限。很多官位不高的芝麻官其实就是这样，毕生教教书、做些小差事。

这就是文人作为稳定的社会文化力量对中华文明非常重要的地方。在某种程度上说，朝廷还是信任他们的。他们手中无权，也绝不会组织起来对抗统治者。他们有

很大程度的自主权，因为皇帝不把他们当回事，皇帝只要有他的国学儒教为他服务，其他非国学的儒家可以爱说什么就说什么！

这是传统的一部分。儒家可以把这种稳定性和文化团结的意识带到全国，因为它们被到处传播。

36 在全国每一个乡镇，都有人在国家管控之外研究儒家经典。没有人在乎他们这么做，因为他们反正没有权力，他们永远不会组织起来反对朝廷。他们不像道教和佛教徒那样有自己的神，所以组织不起来。

非国教的儒家学说中没有神。他们唯一的神——他们的圣人——是孔子，他们的圣贤书教给他们要永远精忠为国。“苟利国家生死以，岂因祸福避趋之”！他们就是这么做的。那是传统。所以朝廷说了，好吧，我们实际上不必控制一切！他们知道，他们可以依靠各地的文人这个群体，为乡镇提供和平与稳定。这些人会身先士卒、以民为本，永远不会教人民造反。相反，他们一直在教化人们如何尽忠、如何更好地服务社会。朝廷只要通过科举制度招贤纳士——这些人不一定是最杰出的人——使他们进入国家体制内服务，就可以放手随他们去做。所以儒家那些名士是国家体制的一部分。不过他们实际上并不是合作关系，他们更像是体制的中坚力量。朝廷可以信任他们，因为他们不会造反。

科举制度是唐代（618—907）发明的，基本上是武则天（625—705）与士族斗争的产物。士族有实力，他们当中有些还有军方背景，他们也受过良好的教育。为了制衡士族，武则天就通过科举考试从受过教育的人中选拔人才。这些人才不必是儒家的，也可以是佛教和道教徒，但都饱读诗书。国家通过科举来测试他们的写作能力、思考能力、创造能力等，然后从中选拔，把中选者作为国教儒学的人才派到公务部门任职，以此抵消士 37
族的权力。士族同样也不一定是儒家，他们可能佛、道、儒家兼有。他们野心很大，武则天发现那个局面对她相当不利，因为她不是皇室，她是嫁入宫中的，因此被人猜疑。所以她要以科举制度为手段建立一个新的制衡集团。

于是从科举中逐渐涌现出一批进士。这些进士原本只是一个群体，但到唐朝末年，他们已跻身帝国的高位。到了宋代（960—1279），他们已经成了体制的核心，并自我复制。他们有意识地将国学儒教与儒学尽可能地紧密联系在一起，但同时他们也知道，秉持良知做事的人和服务于朝廷的人之间有一条无形的界线。既然这个界线不容易超越，那么就不要划得太清晰，反正儒家也不奉行凡事搞得界线分明。就让事情混为一谈吧，反正可以选拔来选拔去。

就像在现代社会一样，比如在美国，国家能够从大学招收人才。大学提供儒生，当中愿意为国家服务的人就像尊奉国学的文人。美国的每一个政府部门都充斥着博士，或至少是硕士。换句话说，他们已经通过了某些能使他们忠于职守的考核，他们永远不会造国家的反。所有这些素质都与儒家无异。他们有同样的功能，功成身退后，又回去治孔子之学，回到大学做社会科学研究，等等。他们永远不会组织起来反对国家，永远是为某一方效力。

虽然美国的情况是，有个两党制体系。你服务于这
38 个党或那个党，但你始终忠于一方或另一方。

所以在某种程度上，欧亚大陆东西两边之间的差距实际上是在缩小，因为中国人也在开始适应现代制度。他们有这个根基，有现成的遗产。儒教和儒学都可以诉诸儒家经典。但总的来说，这些典籍是非常恰到好处的。它们内容广博，并且可以有许多不同的解读。这样就足够好了，实际上这样是最好的教材。所有最好的教材都是些不致引起太大分歧的文本。所以当儒家攻击儒教时，后者也用孔子之说来捍卫自己。两者之间的关系有一种平衡，相互尊重，因为两者都可以引用四书五经来反击对方，就像欧洲人可以引用《圣经》相互攻击一样，天主教徒和新教徒就是引用《圣经》针对彼此嘛。这种似曾相识之处耐人寻味。

黄：在我们这个时代，从其他边缘生发出来的概念往往被忽视了，因为西方边缘在认识论上占如此主导的

地位。

王：这一点是确定无疑的。250 年来西方一直占主导
地位。如今中国的一些学者正在回归自己的传统，但他
们是以全新的眼光看待旧的东西，因为他们经历了马克
思列宁主义，他们读了自由主义经典，读了古希腊罗马
经典，但他们想回到儒家经典中去。有些人从 20 世纪初
开始就这样做了，但这些人一直处于外围，人数寥寥。
然后他们就卷入了民族主义与共产主义之间的政治斗争
中，且从未产生过任何真正的影响。这些人完全被忽视 39
和无视了。但在邓小平给中国带来了新的稳定、赋予其
新的合法性之后，政体变得开放了一些，现在允许儒学
再度复苏了。

可以做这样一个模拟，也许并不恰当，但我还是对儒教在历史上如何幸免于佛教之劫这件事颇为着迷。佛教初到中国时影响甚微，只吸引了很少一部分人。但到了 4 世纪，法显（337—422）这样的信徒开始去印度取经，正如 7 世纪的玄奘（602—664）那样，还有义净（635—713）也是。所有这些高僧都去印度取经。在五六世纪，无论是在突厥统治下的中国北部，还是在汉人占据的华南地区，各诸侯国都信奉佛教。南梁（502—557）的统治者实际上以为自己能在现世成佛。这与历史上泰国、柬埔寨，或缅甸的国王的见识不相上下——成为现世佛。

在这一切中，儒家完全被边缘化了。他们几乎没有
了生存余地，所以他们不得不妥协。你知道，他们所受
的教育是要效忠国家。所以既然佛教被尊为国教，那就
学佛教。他们继续代表其儒家思想，并试图将佛教与之
结合，同时又不放弃他们的核心理念。他们觉得佛教不
是很对，但是不知道如何压倒它，因为统治者信佛。所
以你必须让自己显得有用，让信佛的统治者明白，他可
以信仰其他任何东西，但在打理朝政和国家运作方面，
你可以替他把事情办了。统治者可能是佛教徒，但这并
不妨碍你恪尽职守。无论如何，统治者无法信赖别人，
因为其他人都不像儒家这样以尽忠为原则。佛教徒可能
40 也无意推翻皇帝，但他们提供不了服务，因为他们想要
超度，进入涅槃的境界。儒家就会告诉皇帝，如果你想
继续坐拥天下，如果你想让太子继位，我们来帮助你。
他们继续让自己有用，尽管得不到完全的信任。与此同
时，统治者可以去念佛修庙，去操心来世和金刚不坏之
身。儒家则操心现世，完成当下的工作。

我自己想问的问题其实是这样的：儒家在汉唐之间这四百年（220—618）是如何生存下来的？像唐高祖（566—635）和唐太宗（598—649）这样的大唐皇帝所信奉的其实是道教和佛教，不是儒教。事实上，他们当时是非常热衷道教的，因为他们和老子同姓李，所以自认为是老子的后裔。这当然是可笑的事，因为唐朝的皇帝

实际上是突厥人出身，是拓跋部的突厥人后裔。然而，他们声称与道教有某种联系，因此非常接受道教的修行。事实上，他们是佛道并举的。如果你看关于宫廷里的描述，你会看到，皇帝的身边总是有道士、和尚陪伴左右。总有迷信的法术大行其道，皇帝永远在追求长生不老。儒家则处于边缘地位，提供经世治国之用，负责到处征税、确保军队效忠。

佛教徒不知如何做到这些。他们可以向你传授佛法，但这可能使他们的野心膨胀到要自封天子，这是儒家从不染指的事情。几乎从没有顶尖的儒学大师担任朝中要职，除了北魏（386—534）的孝文帝（467—499）时期
之外。那么这些人的脑子里到底在想什么呢？他们肯定 41
在对自己说，我们只管坚持 下去，表明我们是事君以忠的，我们不是奸臣。莫言在 2012 年获得诺贝尔文学奖时，体制外的文人曾对他冷嘲热讽。他们说，瑞典学院把奖颁给体制内的作家莫言是出卖了诺贝尔文学奖。但是，说真的，莫言代表着一种独立而有创意的思想，而且他是在不对抗国家的情况下做到这一点的。

“中国人兼收并蓄”

黄：在今天的西方社会中，积极参与非政府组织（NGO）的人扮演着类似于我们这里定义的儒家的角色，

不是吗？

王：他们是公民社会，是不愿意沆瀣一气的公共知识分子。愿意与政府协同合作的人往往在大学里，他们具有学术技能，但没有政治野心。政府信任他们，而不是其他那些人——非政府组织和公民社会——尽管他们也是大学培养出来的！所以大学也扮演着培养儒生、培植儒教的角色呢！这种模拟并非不着边际。

42 你想想看，中国为什么会被视为是对美国生活方式的重大威胁呢？中国其实可能在某些方面做得还要更好一些。中国在其他方面做得不是很好，但它能做到比较稳定。不会出现美国“财政悬崖”那样的东西，那就是两极化的反映，政府被人从中作梗，完全陷入困境！现在，如果中国人能在管理国家方面做得再成功些，人们就会开始怀疑英美全球体系。

美国人确实感到一种改进了的替代性制度的威胁，这一制度实际上否定了西方所代表的一些最核心的理念。这是他们觉得不能接受的。但在努力建设稳定的和谐社会、想办法做实事方面——税收、国防这些国家本分方面——还有吸收西方最先进的科学技术知识方面，中国人学得很快。唯一令人踌躇的是政治理念。但其他方面他们都在向西方学习，学得非常非常快，包括文学和文化事务。毫不勉强，毫无障碍！中国人兼收并蓄！他们唯一不愿接受的东西——也是西方紧追不舍要拿来对付他们的——是自由的理念。这确实是中国人最怕的，因为他们不知道如何控制它。如果他们知道该如何控制它，如果他们认为自由与控制可以并存，我想他们会接受这个理念的。事实上，我们所说的儒教集团其实还是比较自由的，它本来就是！

国家盯得紧的是另一个群体——儒家。儒家的最终文本仍未有定论，是儒家思想多些还是马克思主义多些？但可以肯定的是，马克思只不过是现代西方的一个代表，代表的是现代世俗的西方，包括科学和技术。这是对马克思的简而言之。

正如我所说的，历史上与儒家有关的分类有三：孔子 43
及其弟子、儒学和儒教。现在还是一样，这一混合体还是在挣扎。你确实可以发现，一些儒家学者借鉴的是马克思主义文本，还有很多马克思主义理论家会引用几句孔子的话。换句话说，这里有一种思想融合的尝试，就像宋代试图融合佛教和儒家思想那样。不过，我认为他们的思想冲突已经减少了，现在应对的都是些非常具体的事情。与这些事情相对应的几个关键词是：自由、法治，和个人主义。

言论自由和民主当然只是自由的延伸。中国人不否定民主，但他们对此另有解读。在西方，民主的思想必须包括法治和自由。中国的民主思想则是，只要我们是为了人民并得到人民的认同，这就是民主！这就是为什么中国人称之为“民本”——以民为本。连孔子也这么说，孟子也是。如果你为了人民，你就是为人民服务的！“为人民服务”不是毛泽东发明的。这种说法早就有了，尽管原话不是这样。这个说法明显来自孟子说的“民为贵，社稷次之，君为轻”。他总是说，统治者执政的正当性最终取决于他是否得民心。如果人民不接受他，就会推翻他，那就是他的天命终结之时。当你用民主对此进行解读时，中国人不会觉得有太大的冲突。

黄：这是执政“为”民，而不是执政“在”民。

王：不是“在民”，因为“执政在民”会带来对法治和自由，还有个人价值的追问。中国人对个人的看法非
44 常矛盾。孔子实际上对个人还是非常重视的，但他重视的是有善性良知、受过教育的个人，是高高在上的个人。换句话说，他重视的个人是士大夫，即绅士。老百姓则应该以家庭为单位组织起来，他们的孝，即对家庭价值的坚守，则比他们自己更重要。所以，在这个层面上，集体比个体更重要。士大夫凭着善性去服务社会，他是社会的一员，同时他还要尽孝，在家庭事务方面仍然属于社群，其行为仍要接受集体的评判。但是，当他服务国家时，为了忠于职守，他必须具备儒家思想中的良知理念。为此，他必须从家庭中超脱出来，以避免裙带关系。他不能偏帮自己的家人，因为这样做就不是在帮助国家或皇帝。要对皇帝忠诚，他还得做到其他一些事，

包括要有良知。向皇帝进谏治国之策是由个人完成的，而不是由集体群策群力。

黄：那么“礼”这个概念是怎么来的？

王：“礼”是个绝妙的概念。在某种程度上说，它是中国的法治替代品。但它并非处处令人满意，因为要想把它制度化是非常困难的，仪式方面除外。

这就是为什么“礼”在英文里被译成 ritua（仪式），这是非常错误、非常误导人的。但在行为举止方面，它就是这样制度化的。在所有这一切中，尽在不言的是一种是非意识。

黄：我发现“礼”和“仁”之间的关联很重要，也很有意思。

王：你知道，“仁”是儒家的至高理想。它的意思真是难以言传。它包括各种爱、关怀、悲悯、正义和行为 45
得当，不一而足。我无法找到一个可以一言以蔽之的词来翻译它。我一直没提到“仁”，只因为我把它视为既定。“仁”是儒家思想的核心，而“礼”是对它的表达。除“礼”之外，还有什么能表达得了“仁”呢？在某种程度上，“礼”是要将它制度化，尽管不是很严格。毕竟，文人士大夫的家庭还是被赋予了很大的自主权的。你在家可以有你的一家之“礼”，即“家法”。在朱熹（1130—1200）的思想中，“礼”被称为“家法”。但

"家"其实是又一种制度化的措施，它是以撮要的形式出现的，而撮要不是真正可定义的。但是你想要将之运用于操作，就要通过"法"或"礼"去表达。这样一来，"法"与法家就有了千丝万缕的关系。而儒家整体上都回避这一点，他们自己的说法就是"礼"。但无论他们怎么想，"礼"仍然是一种"法"——它是西方法治思想的一个替代品。如果一个人完全按"礼"行事，那就不会有不公不义了。所以公义本身就是"礼"的表达。

当然，由于没有能够以"法律"和"法院"的形式将"礼"制度化，"礼"在操作上力有不逮，这就是为什么最终中国人也承认有些立法是必要的。儒家体系的表层下面蕴含着法家思想，这一点是非常明显的，因为儒家对它从不排斥。他们把法家思想理解为"礼"的一种极端表达形式。他们试图做的是减轻法家思想的各种极端面，使它更容易被普通人接受，使它不那么面目狰狞。只要情况允许，有些事大可以留给人们通过"家法"去解决。换句话说，他们对"礼"进行了去中心化。由家庭去确保自己的孩子行为得体。不去管别人的家务事，
46 也不要把国法引入到家事里来。儒家认为，一旦动用国法、对簿公堂等手段，你就是在请君入瓮。因为如此一来人们就不会再注重家法，转而采取一种只要法不禁止他们就为所欲为的态度。

国家想要的是人们能够在自己的单位内守规矩，也

就是让国家可以不去染指。但这种想法现在当然已经行不通了。自19世纪以来，已经没有人知道该怎么运作这个体系了。他们有司法和立法机关，但都运作得不大对劲，原因是他们的制度化进程比较崎岖。

黄：儒家的处事态度一代一代地传承下来，不是吗？

王：儒教是一种世俗宗教，有一套人们所信奉的世俗价值观，不是基于逻辑，而是基于一个人成长于其中的信仰，基于与父母、兄弟姐妹、堂表亲戚——整个人际网络——的关系。

孔子与孟子一直强调，这是最自然的事情，之所以
说是最自然的，是因为你确实是和你的父母、兄弟姐妹、
祖父母、七姑八姨们一起生活。儒家的想法是，你如果
搞好了家务事，整个社会就会走在正道上。如果所有家
庭都把自己经营得好好的，国家何必还要插手呢？像收
税和戍边这样细碎的事情，是需要国家出面的，因为这
些不是一个家庭可以做到的事。像托马斯·霍布斯
(Thomas Hobbes，1588-1679）在他的经典著作《利维坦》
(*Leviathan*）中说的，你向君主、国王交出了一些东西，
你和他达成了一种交易。鲁索（Jean-Jacques Rousseau，
1712-1778）也说，你放弃某些事情，使国王能够做某些 47
事情，如收税、捍卫帝国或文明等。其余的事国王不该
相扰，其余的事要顺其自然。

这套思路在很长一段时间里都在中国行之有效。耶

稣会士初到中国时曾对此相当着迷，这是令他们刮目相看的事情。他们把这一套带回了欧洲，造成了相当大的影响，特别是在德国和法国。法国人取其一端，发展出一套相当不得了的中央官僚体系；而德国人则取其较为哲学的一面，尝试从中得到伦理道德的真谛。

这时，天主教徒发现其中的官僚主义部分非常有意思。接下来几个世纪里，西方哲学家们——主要是新教徒——受到人民自治于国家思想的启发，认识到国家和社会有不同的功能，可以保持一种并非基于宗教或教会的关系。

黄：在中国的体制里，当做事出了差错的时候，庶民与士大夫受到的惩罚有很大不同。羞耻心在此间起了重要的作用。

王：那是儒家的一个贡献。这使我想到，我们今天为学术自由要进行多么艰难的斗争。例如，设终身教职的理由是什么？其初衷是，有了终身教职，老师就能够传授他认为应该传授的知识，而不受国家的约束。你所说的那种观点也有类似之处。如果士大夫能够得到普通人所不享有的尊重对待，给予他自主和足够的鼓励，他就能充分地献计献策。最佳的建言来自于可以无拘无束地直言相谏的人。因为，如果他不自由，他怎么会对你
48 有用呢？如果你是皇上，是统治者，而他一直都在对你唯唯诺诺、满口只会“是，陛下”，那么他对于你是毫无

用处的。只是奉旨行事，而这不是他应该做的。你其实对他是委以顾问之托的。你信任他，你就必须给他些防护性的担保，这样，当你不喜欢听他的逆耳之言时，你不会动辄砍下人家的脑袋，而前现代社会的情形就是如此，或者就把人家炒掉了。

所以你应该说："好了。很遗憾。我不喜欢你的建议。算了。"然后你把他打发了。但他还是在你左右。只不过你没有采纳其个别的建议而已。这里所涉及的尊重有点像终身教职，你不会因为有什么闪失就被解雇。

唐宋时期就是如此，但到了明朝（1368—1644），你会发现，皇上往往因一言不合而龙颜大怒。当时的情况是，这个蒙元（1271—1368）之后明朝的体制，受到大陆体系的影响而起用太监，这是一个服务于皇帝私人而不是服务于国家的官僚群体。

好了，儒家服务于国家，皇帝只是国家的象征。不是什么个人的事。我不是为你个人服务的，我是在服务于君主制的机构。你在西方看到的也是一样，那里说的是忠于宪法。美国人效忠于总统，而不是效忠于奥巴马！他们效忠的是总统这个职务。甚至连尼克松也说，他要捍卫的是总统这个职位。这也是儒家的思路，我们捍卫君主制，而不是君主个人。

当一个儒士做错事时，他就辞官回家，或只是闭嘴了事就好了！例如，在宋代，在改革派王安石（1021— 49

1086）与反对他的保守派之间的斗争中，没有人为此丢官，没有人掉脑袋。他们或许会从一个特定职位上被排挤出去，但他们还可以换个位置继续做事。他们是为原则而斗争！

这一点很重要。宋朝的统治者都无一例外地受过深厚的儒家教育。新儒学那时还是很新的，所有统治者都或多或少地将之视为一套至高无上的理念。然而，到了明朝的时候，中国已历经百余年的蒙古人统治。蒙古人是非常不同的，他们忠于忽必烈可汗（1215—1294），而不是忠于体制。所以在他们的治下，士大夫一开始就全被赶出去了。没有他们说话的份儿。蒙古人过了六十年时间才重设考试制度。他们不得不这么做，因为到头来，他们找不到可以信赖的人为他们做事！这就是为什么他们又把儒家请回来了。

接着是明代（1368—1644）。开国皇帝朱元璋（1328—1398）来自非常不同的背景。他不属于文人阶层，其实他也没受过什么教育。他是贫苦农民出身，在佛寺受过僧侣教育。他学会了读书写字，加入了一个宗教反叛团体——这正是儒家所担心的那种情况。他们的组织类似于今天的“法轮功”。所有这些农民的叛乱都有佛教和道教根基，朱元璋就来自于这样一个背景。但那时这些对于人们来说都是可以接受的，包括文人士大夫在内，因为他们想把当时日渐堕落的蒙古统治者赶下台。

蒙古人的体制已严重腐败了，所以文人阶层一反常态，纷纷支持人们造反起事。朱元璋设法吸纳了一些文人来跟他一致对外。

朱元璋做了皇帝，但他的根基并非儒家思想。他敬 50
重儒生们对他的帮助，同时又非常不信任他自己的人，这些人是他的部下，比如像徐达这样战功卓著的军事将领。他一概不信任他们，因为这些人就像朱元璋自己一样，都有野心。所以他不得不对儒生委以重任。但他也会谨慎地从旁观察这些人，因为儒生进入了体制中，进入组织中，而他的麾下在文人阶层中也有自己的朋友。这样就发展出一种观念，即统治者并不完全相信儒生。朱元璋不得不挑拨儒生斗儒生。上台二十年后，他拿文官武将中皆有广泛人脉的胡惟庸开刀，清理门户。

朱元璋进行了一场血洗，对其高层部下大开杀戒。在其余生的最后几年，仍旧留在他身边的人已经寥寥可数，他还改换了整个制度。这是个大忙人啊！所以，任用文人而又不让他们享有曾经享有过的尊重，这成为明朝传统的一部分。

在某种程度上，这就像英国的体制，里面也有些中国的理念。公务员队伍中的高层，就像儒家的文人阶层，他们没有政治野心，无意于加入执政党，仅效忠于国家和国王，所以你才可以总是信赖他们。他们可能会和你争吵，但他们永远不会造你的反。但是，当你开始把高级公务员带入政党政治的圈内时，就像新加坡、美国和澳大利亚有时出现的情况那样，你就模糊了界线。在澳大利亚，开此先例的是总理惠特兰（Gough Whitlam，1972-1975 在任），此后有更多的领导人步其后尘，也效仿他的做法。

51 在中国的案例中，1380 年胡惟庸被处死后发生的事情也混淆了原来的界线，那些支持第二个皇帝与其皇叔作对的儒生们被视为政治主角。当这位皇叔，即朱元璋之子胜出而成为永乐皇帝时，他就终日由太监簇拥着自己。他信不过朝中的文臣，因为他们支持过他的侄子。当时的情况是，简而言之，朱元璋没有把皇位传给他的儿子，而是传给了孙子，即他的长子的儿子。身在北京的叔叔不能接受，于是起兵反叛。整个文人士大夫阶层笃定"事君以忠"，都站在年轻的建文帝一边反对他的皇叔。所以，皇叔永乐是在没有文臣支持的情况下上台称帝的。他基本上只有太监和军队撑腰，所以他起用了一批年轻的进士。朝中的老臣子不会接受他，因为他们是饱读诗书的儒生，不把永乐帝看作名正言顺的皇帝。所以他试图靠除掉他们中的一些人来重振自己的合法地位，有个文官就被他株连九族，满门抄斩了。这种事不应该发生，但永乐帝就这么做了，将礼教的传统破坏了。尽管儒家花了很多功夫去补救，但还是不复从前。一旦信任不是百分之百的，那就再也不是那么回事了。儒家便总有可能会与另一方站到一起去。

无疑，永乐皇帝任用了新的一批儒士，但这些人做事跟太监一样。所以你在宫里有这么一批，在宫外又是一批。所有人都不得不听命于皇帝，他们相互制衡。

太监有时非常残忍。每当有儒士惹皇帝不快，皇帝想打发掉他的时候，太监就会往死里整他。太监有一套密探系统，一个专门的分支机构，他们还有自己的监狱系统。他们效忠于皇帝个人，而不是效忠于国家。这与 52
理论上应当的情况是相反的，但在明朝的时候，这种状态已经非常明显了。一批人忠于皇帝，另一批人硬着头皮维持着儒家的道统。按说所有人必须以同样的方式尽忠于皇帝。如果不是的话，他就会发动一批人去斗另一批人。

黄：在永乐以后，这套制度是否仍贯穿后来的整个明朝时期？

王：这套制度实际上反反复复，经历了自我修正。儒士们与之抗衡，但一直不力。所以很难说它是否坚持到底了。例如，张居正是非常能干的文人，但同时也有浓重的政治色彩。他招揽了不少太监到自己身边，施展权术，成了最有实权的内阁首辅。但这样一来，他也帮助破坏了这个制度。

我认为是到了满清（1644—1911）时期，才开始出现了新局面。满族人刚掌权时还没有启用太监。他们不需要太监。满族人有自己一整套贵族制可资利用。他们的贵族制和他们的忠心都是基于别的东西，而不是汉人的那一套。他们宣誓效忠的对象是草原和游牧制度。这是一种更为个人的忠诚。但是，一旦他们把自己的理念与中国的体系相结合，为了江山永续，所有满族的贵族就都开始学起儒家经典来。此时，一代忠于明朝的文人阶层已被入侵者杀戮，但现在给了他们一个为满族人服务的机会。

53 满族人很聪明。与蒙古人不同，他们很快就将考试制度重新搬出来用上了。千万别忘了，他们玩这个游戏可不是新手！他们是早期统治过中国北方的女真人的后裔。他们对中国的这套制度已经很熟悉了。实际上，他们在入侵之前就已经是半个汉人，所以他们起用汉人来为他们做事，信任他们，至少是到了相当高的程度。他们可以这样做，因为有忠实的贵族站在他们一边，可以保持平衡。他们没必要用太监，他们所做的就是教育自己成为汉人的样子。

其思路就是，一个满族人受的儒家教育愈多，愈有理由在官位上压汉族官员一头。实际情形的确也是这么回事。他们创造了费正清（John Fairbank）所谓的“二元共治体制”（dyarchy），也就是高位上有一满一汉两个人。[6] 汉人可能是那个干实事的，满人则是那个发号施令的。无论情况到底怎样，都是那个满人居于优先地位，因为他与皇帝的沟通渠道是不同的。

满清时候的中国是个双语国家。我们现在把这一点忘记了。即使是中国人也忘记了，当时高层用的是双语。虽然在底层社会一切都用汉语完成，但一到高位上，凡事就都用满汉双语了。所以，举个例子，你要去军机处，那是个像军事委员会一样的部门——中国古代没有内阁的概念——军机处就像美国国家安全委员会，由皇帝指定的一些贵族和官僚组成。在那里，文书数据都是满汉双语的。他们可以用任何一种语言进行讨论，但形成文字时都以双语记录。现在我们正待把所有这些数据找到，将它们归档。清政府垮台后，这些文件曾被忽视，因为它们都被带到日本扶持的伪满洲国去了。中国人就把它们抛到了脑后。54

现在学者们回过头来查阅这些数据。19 世纪时确曾有外国学者对之进行过研究。当时的德国和法国学者能读满文，因为他们想要了解高层权力的运作，就不得不懂满文。但是在 1912 年以后，中国人就把满文全丢弃了——连满族人也在丢掉自己的语言。如今为了阅读档案，人们正在重新学习满文，于是你就会发现，当时汉文和满文在上流官场是并行的文字。朝中的重大决策都是用两种语言记录下来的，有趣的是，两种语言所录的内容彼此会有出入。满文的记录里总有些额外的东西，那是专给满人看的。这很有意思。而在下层就不是这样，底层社会凡事都用汉语。

所以这里我们谈到的是一种双轨制。某种程度上说，早在很久以前，中国人就有点类似双轨制的东西了：一人受命管辖一个省，也就是总督，然后还有一个朝廷委派的御史去巡视监察，直接向皇帝禀报。总督所要通报的对象是中央管理文职的机关“吏部”，而御史是直接上达天听的。那么，为什么大多数中国文人到最后阶段都很容易起而反清？那是因为慈禧太后（1835—1908）愈来愈向满族的贵族靠拢，她不信任汉人。于是他们说：“得，这个体制算是要完。”转而去支持革命了。

黄：康有为（1858—1927）最后还是站出来想致力于变法的。

55 王：某种程度上是。但他搞砸了，因为慈禧太后一直不能原谅汉人尝试的“百日维新”。[7]“他们毁了大清！他们信不得！”她不太聪明，她很守旧，很注重于维持满族的特权。那是她的遗产，你知道，她目光短浅。那你到底要挽救大清还是要挽救中国？这是问题所在。

孙中山（1866—1925）某种程度上代表了新的力量，而满族人的反应更强化了孙中山带来的信息，即不能再对满族统治者听之任之了。[8]如果最后一个皇室是汉人，他们可能也会做出日本人做的那种事。可那是满人啊，那就根本不可能了！谁来取而代之？谁来替代满族统治者？谁有权自命天子？除了宣告成立共和国别无选择。

注 释

1 中亚政治史方面的速成读本，参见 Peter B. Golden，*Central Asia in World History*（New York：Oxford University Press，2011）。

2 Owen Lattimore，*Inner Asian Frontiers of China*（New York：Capitol Pub. Co.，1951）.

3 罗伯特·克莱夫（Robert Clive，1725-1774），人称“印度的克莱夫”，为树立英国东印度公司在印度孟加拉国的政治和军事至上地位立下汗马功劳。沃伦·黑斯廷斯（1732—1818）是印度孟加拉国的第一任总督（1772—1785 在任）。这两个人在创建英属印度方面共同发挥了关键作用。

4 Thomas Cahill，*How the Irish Saved Civilization*：*The UntoldStory of Ireland's Heroic Role from the Fall of Rome to the Riseof Medieval Europe*（New York：Rosetta，2004）.

5 Anthony C. Yu，*State and Religion in China*：*Historical andTextual Perspectives*（Chicago：Open Court，2006）.

6 John King Fairbank，“The Manchu－Chinese Dyarchy in the 56
1840's and '50's”，*Far Eastern Quarterly*，vol. 12，no. 3（1953）：265-278.

7 这一对王朝统治进行改良的徒劳的最后尝试得到了皇帝的默许，从 1898 年 6 月 11 日持续到 9 月 21 日。

8 孙中山被公认为“中华民国之父”。

第二章

两洋地中海

处于外围的东南亚

黄：我们来谈谈东南亚现象。该地区兴起的现代国家在一定程度上可以说是一种防御战略，被该地区人民当作后殖民地的权变机制继承了下来。成立于 1967 年的东盟（ASEAN，全称为东南亚国家联盟），可以被理解为朝此方向进行的集体努力。另外，您曾将地中海和岛屿遍布的东南亚做过一些对照。[1]可以沿这个方向继续我们的讨论吗？ 57

王：必须承认，在很长的一段历史时期内，东南亚一直处于世界历史主要行动的外围。原因之一是，那些主要行动基本上发生在大陆国家之间，是地权之争。到底在何种程度上地中海那些独具的特点使之成为文明的发祥地，这一点是有争议的。埃及文明或巴比伦文明实际上并不取决于地中海。他们是河流文明，尼罗河以及 58
底格里斯—幼发拉底河这两大河流系统中出现的城市形态并非与地中海有很直接的关系，尽管他们——特别是埃及人——后来对地中海地区的发展产生过影响。当时对人民、经济、最终对国家有决定意义的整个战争，主要是在土地上进行的，除了地中海以外。

地中海的故事很吸引我，因为那是古时候唯一发生过海战的地方。其他地方的战争都是在陆地上进行的。印度洋几乎没有发生过海战。没有海军作战，至少没有这样的纪录。而在中国那边也很少这种事，只是在日本和朝鲜沿海出现过零星的冲突，都相当微不足道。唯一真正的水上战争就是在地中海，对此我有特殊的共鸣，因为现代文明的创建的确是来自于这样一个事实，即水土条件因特定的政治管治而结合。真正的陆战——欧亚大陆上的陆战——是自己发展开来的。它有一个游牧基地，游牧文化数千年来依然占主导地位，因为该地的地理条件并不利于别的文化。自始至终，它保持着游牧文化、流动性和活力，其民众对附近所有的定居小区构成威胁。定居的民族建起城镇，他们的势力大抵上是在陆地上的，除了地中海周边地区。那儿的人必须有船才行，所以有腓尼基人和希腊人的海上争斗。

历史上决定性的战争之一就是希腊在地中海打败了波斯舰队。[2]据我所知，这是迄今为止第一次也是真正重大的一次海战。我没有见过比这更早的记载。

59 黄：您会把北欧文化归类为欧亚文化的一部分吗？

王：斯堪的纳维亚人差不多跟中国及东南亚人一样

处在边缘。在最早的文明、国家，或游牧部落联盟中，他们都不属于主要的权力基地。这些都是以大陆为基础的，当他们扩张时，他们总是在陆地上扩张。他们无一真正往海上扩张。第一个破例的是希腊人，然后是罗马人。你看，即使是埃及人也没有这样做。所有进攻埃及的人都来自地上。从底格里斯—幼发拉底河或叙利亚地区来的人都是经由巴勒斯坦地区。这是进入埃及的入口，那基本上是兵家必争之地，他们今天仍在争这个地方。

河流文明发展出了我们所知道的城市生活。他们还发展出志在攻城略地的强大陆军。希腊人也发展了城市文明，但他们土地有限，财力上也不足以支持其扩张，只有马其顿国王亚历山大时期（公元前 356—公元前 323）是个例外。马其顿人带领陆上的其他希腊人建起一个帝国。他们一路征战到阿富汗边界、印度边界。那真是惊人之举。那个时期的希腊人无疑被吸引到了大陆上的博弈中。

黄：这让我想起最近读到的一本书，有关拜占庭帝国的历史。[3]我们今天倾向于把“希腊”和“罗马”这两个词放在一起，但对在西罗马帝国灭亡后仍存在了数百年的东罗马帝国更准确的描述是“希腊”，而不是“罗马”。

王：是的，没错。“希腊—罗马”这个提法是一种平
衡。我们通常说到古希腊人的时候是说雅典希腊人，但 60

那种现象实际上已经消失了。[4]从希腊化时代的亚历山大帝国产生出拜占庭帝国，从拜占庭帝国又在位于地中海沿岸的埃及产生了希腊帝国。经由陆路去到印度的马其顿人并非原本的希腊人，即我们与苏格拉底、柏拉图、亚里士多德、雅典、伯里克利斯、伯罗奔尼撒战争等联系起来的那些人。

古希腊世界被拉回到大陆制度。你看，当西欧人讨论古希腊罗马人时，他们指的是地中海地区的希腊人和罗马人，而不是拜占庭人。拜占庭人是另一路希腊人。他们被视为东方，与西方相对。俄罗斯人和所有东正教基督徒都被视为东方。

黄：是的。人们多少有点忽视了拜占庭文化以及它所产生过的相当大的影响。

王：是的，因为我们的观点被文艺复兴以降变得重要起来的神圣罗马帝国左右了。当时的情况是，西欧逐步娴熟地把握住了海陆的平衡，并把东西从海上运出去，就是这样！而这最终导致葡萄牙人、荷兰人和英国人占据了优势。所有这些国家都在大西洋沿岸。

地中海的动力转向了大西洋。这一调转与大陆史形成针锋相对之势。在某种意义上说，英国是个范例，当他们说“雾锁海峡，斩断了大陆”时，你意识到里面表达了某种心态。被斩断的是大陆，而不是英国。

那就是现代世界的基础。海上势力的全球扩张可能

是英国的视角，但它的确是从葡萄牙人、西班牙人和荷 61
兰人开始的。不过，这些人没能像18世纪末的英国那样形成气候，没能像英国那样打垮所有海上对手，特别是他们在印度洋打得法国人溃不成军，为自己的全面主导地位清除了障碍。[5]他们采取了一种完全不同于大陆系统的选择。我称之为地中海系统，因为它所涉及的是古希腊—罗马遗产。古希腊—罗马不把东方放在眼里，它本身就意味着雅典民主、罗马帝国、大英帝国。一种血脉传承得以激发。着重点是古希腊和罗马的海军帝国，即大英帝国的基础所在。

黄：如此说来，英国人是自视为古代抵抗大陆力量的继承者了。

王：哦，是的！看看19世纪英国精英受教育的方式。在拉格比（Rugby）、马尔堡（Marlborough），伊顿（Eton）、哈罗（Harrow）等地，他们就是这样研究古希腊—罗马史的。但拜占庭史从来就没有收进来。他们可能会对亚历山大有兴趣，因为亚历山大的故事为英属印度提供了正当性。无论如何，亚历山大都是个当之无愧的英雄人物。他们真正认同的古希腊—罗马传统是地中海传统。那么，他们的基督教当然就是地中海基督教。当然还有其他基督徒，埃塞俄比亚的基督徒、聂斯脱利派的基督徒，等等。但他们将自身与之联系起来的是罗马帝国的基督教。所以我们要谈论的是犹太—基督教徒和罗马基督徒，而不是希腊基督徒。希腊基督徒在另一边，在大陆那一边。你从中可以看到偏见。这一传承将整个地中海世界结合在一起，大陆和海洋力量之间的平衡在其间第一次得到理解。

62 斯堪的纳维亚人是很晚以后才来的。他们有个海上的着眼点，但他们没有文明来支持它。日耳曼—维京人传统由荷兰人和英国人继承了下来，正是他们设法将其与他们的国家及文明联系起来。

如果在这一语境下来看的话，东南亚是大陆动力的外围。所以它享受了一段相对宁静和平的时期。南岛语族——也有人称之为马来—波利尼西亚语族（Malayo-Polynesians）——就因无人干涉，在南部活得自由自在。

在北部，随着中国人向南推进，各部族从云南和广西迁移到东南亚，与孟—高棉语族及南亚语系的人混杂在一起。越南人、高棉人、孟人，都相互混杂在一起了。不过他们要更具大陆属性，因为他们在抵抗的是大陆的势力。有趣的是，他们都没有发展出海军传统。

你可以再次看到，即使在东南亚，通过海洋彰显权力的想法也从没有发展出来。海权在东南亚一直没有成为强国的基础，或许除了爪哇以外。实际上爪哇在早期阶段也不够强大。其他各马来群岛的民族都没能在海上形成气候。爪哇是唯一例外，因为他们深谙伟大的印度政治传统，不过这一点也是有争议的。梵语文化里的君王与神性观念赋予了他们一种比流域小国更辉煌的意识，这是一种以更高的超越性力量为名的统治意识。

黄：或许像泰国人一样。

王：是的，是的。但是，说到泰国人，不要忘记，他们其实是后来者。泰国人和缅甸人都来自云南，最初其实是孟—高棉人（Mon-Khmers），后来他们在缅甸和湄 63
南河谷（Menam Valley）分别被缅甸人和泰国人完全征服，只在今天的柬埔寨这个地方生存了下来。不过只有高棉人幸存了下来，孟人已经基本灭迹了。你看看高棉人在越南人和泰国人两面夹击下活得多么艰难，直到今天也是如此！

如果你读西哈努克亲王的作品，就会发现里面有对吴哥的痴迷。毕竟，吴哥被泰国人攻陷。[6]来自泰国人和越南人的威胁持续至今！这就是为什么高棉人在某种程度上对法国人心怀感念，因为到最后一刻，当他们就要像孟人一样被泰国人或越南人消灭或内部分裂时，法国人插手承认了柬埔寨王国。这就是为什么西哈努克总有一种他们实际是被法国人拯救了的想法。高棉人正在衰亡，现在他们试图重写从吴哥到西哈努克时代这段历史。但其中很多只是一种防守性实践。

与此同时，越南人也执迷于与中国的缠斗，所以并没有尽其所能更快更远地推进。泰国人与缅甸人之间有矛盾，也因此而分散了精力。否则他们可能已经把高棉人给收拾干净了。泰国人从一开始就表现得更进取，抢先一步并来势汹汹。越南人被高棉人挡住，被困了很长时间。地理环境也与他们作对。他们在山的另一边，而泰国人直接顺河而下。

64 如果你今天看湄公河，在柬埔寨边界以北，那儿有老挝人。老挝人和泰国人如今是同一群人。他们来了，正处于进驻的边缘，他们已经遍布原来高棉人的地方。这就是为什么柬埔寨和泰国至今仍在争论边界柏威夏寺（Preah Vihear Temple）的归属问题，那是被泰国人霸占的高棉建筑。其实很多泰国寺庙最初都是孟—高棉寺庙。

黄：所以柏威夏寺问题就被法国殖民主义冻结起来了。

王：是的，没错。法国人在老挝和泰国之间划下了现在的边界。在那之前没有边界的，那里的人都属于相关的泰国部族，有各自的小头目。但法国人想要控制湄公河，以便获得进入中国的另一条路线。当时他们已经有一条从越南进入中国的陆路通道，再拿下湄公河这一条，对他们而言会更添优势。在此过程中，法国人就想划定一条边界。他们和泰国为此讨论了很长时间，于是就有了如今老挝和泰国以湄公河本身为界。但令我感到回味无穷的是——以前并没有在我的脑海中闪过——大多数所谓的老挝人实际上是在泰国。他们是在湄公河的西边。但由于法国人不顾泰国人的抗议，将边界划在了湄公河上，所以大多数老挝人被划进了泰国。

黄：那么老挝这个国家其实是处在老挝民族的边缘的？

王：老挝位于河东，实际上人口稀少。在泰国人与
越南人之间是绵延的山脉，由不同的小部落占据着。他
们高居于山顶，将越南人的空间与泰/老的空间分开。住
在高棉人东边的是占婆人。占婆人很值得回味，他们属
沿海的南岛语族。他们本来可以成为海军力量，实际上
他们其实有些海军力量，像马来人一样。但他们背后没
有强大的国家，所以没有发展出伟大的海军。但作为渔
民，他们天生水性好。当你看东南亚的这一块时，其北 65
部是被吸收到陆上的大陆体系的，这使得群岛这部分更
加边缘。

所以这里从来不是一个单一的区域。北部区域的正中间有个历史的切割，如果不算是地理切割的话。过去几十年来，我们一直在努力给东南亚一个区域感，因为传统里没有，他们从来没有以这样的方式想过。马来世界是一个非常幸运的世界，他们得以听之任之，自由自在。大陆那边不来打扰他们，因为他们是属于海洋的！孟—高棉人及占婆人就没这么幸运了。

第一个向东南亚大幅伸展的大陆势力是泰国人！当他们开始向半岛南下时，他们确实有一个海军。毫无疑问，与爪哇海军力量狭路相逢的正是泰国海军。室利佛

逝—满者伯夷王国（Srivijaya-Majapahit）确实曾遭遇了泰国的海军力量。

在抵达湄南河谷后，泰国人吸收了一些孟—高棉人的技术。孟—高棉人可能有些船只，泰国人就在此基础上继续建造。在南下马来半岛时，他们发现需要海军运输，或至少是转运。所以他们建造的船只开始变得足够强大，国力这时也更强大了。它拥有建设海军所需的资源和政治、行政及组织结构，而孟—高棉人对此就似乎并不那么热衷。

所以泰国人一路挺进，到了对马六甲构成威胁的地步。马来人于是向中国人求援。从这方面来说，郑和将军为马六甲的兴起做出了贡献。郑和本身是个穆斯林，同情新政体，这一点也起到了积极作用。当时马六甲地区已经到处是穆斯林了，阿拉伯人、波斯人、印度穆斯林、爪哇穆斯林及中国穆斯林都去爪哇做生意。最近发
66 现的运宝船表明，阿拉伯人当时非常活跃，但主要是商人，因此还是处于该区域政治的外围。

我们可以看到，郑和支持马六甲从泰国手上独立出来，这样他才好把它作为往印度洋航行的基地，就像今天的新加坡和槟榔屿之于西行的旅者一样。以当时的情况来说，他选择了海峡中间的马六甲而不是海峡的两端，这给了这个城市一个绝妙的发展机会。所以当你这样看的时候，郑和的航行又是大陆力量的投影。这也有助于

解释为什么他的航行那么短暂。

最终，大陆的牵扯还是太大了，明朝没有再进一步向外推进。泰国也是一样，也是没太执着于此。他们确实拿下了帕塔尼（Pattani）、吉兰丹（Kelantan）和丁加奴（Trengganu），这是毫无疑问的，这些地方不得不向泰国进贡，主要是因为泰国有些海军力量。

另一方面，缅甸人从未发展出海军力量，据我所知，没有任何有关缅甸海军的记录。在陆地上，他们肯定是强大的。他们无疑打败了泰国人，占领了孟人的所有地区。这是大陆系统往马来半岛的各种延伸……

黄：……一直打到海边，不得不停止下来。

王：是的，像中国人那样，打到海边，不想再往下走。所以马来世界是非常幸运的，无人相扰，任由他们自行其是。所以他们也就没有发展出伟大的城市文明，除了在印度影响下的爪哇，那里有婆罗浮屠（Borobudur）及其他王国。

黄：即使在那里，大陆性的印度文化也会对他们有 67
些影响。

王：是有一些。印度人也止步了。他们也同样对海洋不太感兴趣。你看，只有泰米尔族中的朱罗王朝（Cholas，约 300-1279）做到了。他们曾一度拥有一个海军帝国，但最后他们发现，真正的敌人在陆地上。在海上他们没有敌人。他们表现出与中国人相同的想法——他们派遣舰队出海，但没有发现任何敌人，于是决定撤回去。

朱罗王朝拥有海军。他们可能击败了室利佛逝人，并且打到了马来半岛的吉打（Kedah）和马六甲海峡。[7]他们可能还控制了孟加拉国海岸的一部分，但不久之后，他们看到没有什么可担心的，没有必要壮大海军系统。马来人一如既往地愿意与任何人做买卖。所以这种关系的性质基本是商贸性的、和平的，没有必要动武。

对于朱罗王朝及后来的维查耶那加尔帝国（Vijayanagar, 1336-1646）来说，他们的主要敌人都来自陆地。北方的莫卧儿人是一股大陆力量，这毫无疑问。他们在占领了印度的大部分地区并进入孟加拉国之后，几乎打到了印度最南部的泰米尔纳德邦（Tamil Nadu）。

莫卧儿人对自己的战功洋洋自得，从未想过要打到海上去。他们建造了美丽的泰姬陵以及印度所有伟大的城市，与印度教徒合作，甚至在某种程度上已相当融合，建立了良好的合作关系，而印度教徒则向莫卧儿帝国（1526—1857）进贡并承认其地位。所以莫卧儿帝国实际上统治的并不是所谓的莫卧儿帝国。他们有点去中心化了，这些印度统治者成了他们的代理人。

印度土邦主们无疑窝里斗了很多次，但最终没有一
68 场战斗是变革性的。他们基本上在莫卧儿实际控制区和

印度统治者的实际控制区之间相持不下，然后在其中一方向另一方进贡求和时得以喘息。这仍然是大陆力量。在这种情况下，带来重大变革性影响的是欧洲人的到来。据说欧洲人实际上直到 18 世纪末才开始施加他们的制度。这确实有道理。基本上，葡萄牙人、西班牙人和荷兰人整体上只是接纳当地人，只是想要融入于其中。不过，他们所产生的影响是逐渐带给该地区不同的世界观，包括海军力量在内的世界观。还有贸易不仅是贸易，贸易成了武装贸易。我们现在有枪，船上有枪！

据我所知，葡萄牙的军舰和西班牙大帆船上备枪的做法在东南亚闻所未闻。有船员配有武器，但不是固定在船上的枪支，大炮拧到甲板上。这是一个决定性的创新。这种装备在波斯湾和印度洋分别打败过阿拉伯人和波斯人。它所向披靡。中国人没有海军可言，东南亚的大陆国家也都没有。所以欧洲人是在对付完全不是对手的马来人。我们知道，葡萄牙人不费吹灰之力就拿下了马六甲。马六甲毫无疑问有大炮，但不是在船上。

葡萄牙人的工程技能迅速得到广泛认可。所有的统治者都意识到需要雇用他们来建造大炮。葡萄牙大炮性能优越，可以安全地在船上使用。就连中国人也曾在明末雇用过他们。所以，葡萄牙人实际上有专业制造枪炮的一技之长。他们或许是乘着葡萄牙的船出海的，但实际上他们为很多人提供过服务，为缅甸国王、泰国国王、越南人、中国人……

69 黄：但是他们没有像后来的英国人那样受到自己国家政权的支持。

王：对。他们是私营公司。葡萄牙国家没有严格控制他们。葡萄牙国王和葡萄牙的大商人顶多资助一条船出海，并招募些船员。可谁会愿意出海呢？这可是非常冒险的航程，这一去就是三五年回不来啊。那些敢去闯荡的人都是冒险家类型的，他们并不都是葡萄牙人。有法国人、意大利人，还有很多荷兰人和英国人。那些懂航海而又无惧出海的人就到里斯本报名，然后扬帆启航。你可以看到这些早期的记录。

这是荷兰人和英国人早在他们的东印度公司成立之前就知道的。这些公司之所以形成，部分原因可能就是有这些曾和葡萄牙人一起出过海的人，他们回来后告诉同胞外面的情况。所以他们说，我们为什么要把钱全给葡萄牙人去赚呢？我们可以自己去嘛。那真是个转折点。

说到底，哥伦布是谁？是意大利人！当时民族国家的想法并不存在。他们没有国家，他们只是一群有着共同宗教信仰的人——他们都是天主教徒。语言上他们讲一种西班牙—葡萄牙混合语，与意大利语没有太大的区别。即使是荷兰人也能听懂，英国人也可以学。毕竟，他们都在一个神圣罗马帝国的皇帝统治下，皇帝有时是西班牙人，有时是法国人，有时则是德国人。

黄：最近我读了一本关于白人奴隶制的书，关于北非国家如何捕获成千上万的欧洲人做奴隶，给他们建宫殿。[8]

王：是的，这就是为什么英国在伊比利亚半岛的海
外领地直布罗陀（Gibraltar）如此重要。在葡萄牙人的帮 70
助下，英国人很早就到了那里。但你知道，这又是说来
话长！地中海对于现代历史就是如此至关重要。阿拉伯
世界征服了南部海岸，基督教世界则逡巡在北边。这条
分野至今差不多还是一样的。这本身就非常值得注意。

当阿拉伯人占据了地中海南部时，你可以看到它有多重要。它改变了整个模式，因为截至那时，罗马帝国控制了两边，或者至少试图控制两边。但是当阿拉伯人控制整个南部的延伸区域并进入伊比利亚半岛时，他们迫使基督徒在北方聚集在一起。最后，西班牙人和葡萄牙人成功地把他们打了回去，但整个过程花了数百年，从8世纪到15世纪。在此期间，这条分界定型下来。现在成了一条绝对的路线。

十字军东征是基督徒反攻失败的一个很生动的例子。他们并非败在阿拉伯人手上，阿拉伯人真的不是那么强大。他们不得不面对的是来自大陆腹地最深处的土耳其人。这里，我们再次看到海陆力量不相上下地汇合在一起。一股陆地力量支持地中海南部，其他势力都支持另一方，包括日耳曼人、斯拉夫人、法国人、拉丁平原的

人、伊比利亚人、盎格鲁—撒克逊人。这一阵线随着每一次十字军东征而越来越坚固。征程有进有退，进进退退，而阵线变得愈来愈坚固。

这个过程延伸到19世纪，伴随着希腊从奥斯曼帝国独立出来，并进入我们的时代。奥斯曼帝国本身从东部延伸到地中海北部，进入亚得里亚海，以及后来成为南斯拉夫的地方。

黄：所以，从几个世纪的冲突背景下看，如今让土
71 耳其加入到欧盟中来，这对于许多人来说是想象中的一个飞跃。

王：这可能是留下了相当的创伤的。第一次去慕尼黑和维也纳这样的地方时，我非常惊讶地发现他们仍然对维也纳城门等旧事耿耿于怀，说就是在这地方，蒙古人和土耳其人相继被击退。

黄：我的一些南斯拉夫和匈牙利的朋友会自豪地称他们的祖先为欧洲的守门员。

王：也是天主教世界的守门员。东正教世界失败了，捍卫了基督教的是天主教世界。希腊倒了，南斯拉夫倒了。如今的俄罗斯大部分来自鞑靼人、蒙古人，以及奥斯曼帝国。所以最后坚持到底的是罗马人。那就是西欧出现的地方。这一整套概念是在1453年的君士坦丁堡陷落之后才出现的。之后出现了文艺复兴，随之是宗教改

革（1517—1648）。

那么，所有这一切是要说明什么呢？那就是西方世界在重新定义自己！对于西方世界来说，东部边界是中欧，而不是中亚。一边是失去的欧洲，另一边是被天主教保护并获得拯救的欧洲。后者结合了大陆和海洋势力，在这里你看到地中海决绝的分裂是多么具有决定性。奥斯曼帝国占据了地中海的另一边，并将欧洲与亚洲完全隔离开来。蒙古人曾开始这样做了，但奥斯曼帝国封锁了它，于是就把欧洲完全切断了。

威尼斯人竭尽全力要打破这一封锁，但他们所能做
的只是贸易、和平、友善、斡旋，等等，并与穆斯林世 72
界做生意。这就是为什么欧洲人对威尼斯人有怀疑，因为他们不是百分之百地亲欧洲。他们在边界上，在前沿上。但到最后，事实是财富蕴藏在亚洲。他们知道这一点。阿拉伯世界的富庶是显而易见的，香料贸易对欧洲来说如此重要，还有与印度的贸易，纺织品和黄金等。欧洲人被剥夺了。

所以，你会怎么做？出海啊！你看到了，葡萄牙人于是去探索非洲海岸，那地方在此之前一直被完全忽视。撒哈拉以南的非洲地区被完全忽视，被认为是一个不可救药的地方，野蛮、热带、到处是疾病，又被撒哈拉沙漠隔绝。连阿拉伯世界也无法从陆地上长驱直入。基督教世界则不得不从海上过去，唯一可以扬帆而来的是葡

萄牙人，他们生活在大陆西南边缘，所以正是他们成功地突围出来。

黄：在这场狂飙突进中，今天的以色列会很自然地被视为插入穆斯林世界的前哨，不是吗？

王：各种各样的民族占据过巴勒斯坦，罗马人占据过，还有希腊时期，阿拉伯人一来就把这地方全都拿下了，然后是土耳其人。而欧洲的十字军则时进时退。所有人都声称，这地方是自己的。

你所称的前哨，在古代历史的大潮中看，实际上是一条走廊。它是亚洲大陆力量与北非的埃及之间的走廊。埃及总是为世人瞩目，毕竟它是举世闻名的伟大文明嘛。所以巴勒斯坦是与大陆力量相连的地中海东部走廊。位
73 于地中海西部的西班牙已明显由摩尔人统治了，但在东部，事情的千头万绪更为复杂。巴勒斯坦在战略上始终是重要的，今天也因石油的原因风头不减。

海上称霸

黄：我所形成的印象是，古往今来，许多全球性经济活动和互连互通都集中在欧亚大陆南部的腹地。

王：是在印度洋上。古罗马人对印度洋有兴趣，因为希腊帝国时期实际上已染指阿拉伯海湾，越过了苏伊士运河，那是南下红海的接口。《圣经》中对这一切早有

记载。埃塞俄比亚早已为人所知，阿拉伯半岛的南部也为人所知。波斯湾和印度洋已存在于西方各帝国的意识中。

所以从这个角度看，印度洋这下被与欧洲大国敌对的势力封锁了。阿拉伯和波斯的商人是当时那些（在印度洋上）航行的人，并藉伊斯兰教而归为同类。在此之前一提到商人，都是指波斯商人。我们知道阿拉伯世界、波斯世界和印度西海岸之间的沿海贸易非常热络。那是古时候的事，相关记载并不多，但一些航运方面的事宜我们的确有所了解。最有效的航运是阿拉伯—波斯航运。他们可以说是海上的游牧民族。船运取代了骆驼载运贸易，并得到进一步发展。但它并未与任何主要政治权力有联系。

虽然波斯帝国是非常强大的，但我们看不到波斯国 74
王太投入海军事务。他们的兴趣总是在中亚和欧洲。换句话说，他们是一股大陆力量，并且据我所知一直如此。海洋更多地是属于私营企业的，是轻型武装的商人天下，并没有国家赞助下的强大战争机器，而这就是葡萄牙人的优势所在。他们给该地区带来新的东西——国家支持下的私营企业，以及耐久的船队。

可持续的发展需要国家的支持。势单力薄就难免会损失很多船只，这对私营企业来说难以承受。一个国家则可以维持大量船舶，并提供资金和支持。荷兰人和英国人从中学到了经验，各自都组建了自己的东印度公司——英国人于1600年创建，荷兰人则于两年后成立了荷兰东印度公司。

远洋贸易是一个全新的创新。事实上这是一场革命，而随之而来的技术革命正是现代世界的决定力量。它完全改变了权力的本质，改变了全世界的财富分配。一旦你穿行到了美洲，你就创造出了一套全新的条件。海军力量就是一切，并且很长一段时间内都是如此。西班牙人尤其领先于其他人，并维持着世界上最强海军的地位。弗朗西斯·德雷克（Francis Drake）和英国人对西班牙无敌舰队的恐惧是有根据的。西班牙舰队确实是16世纪末直至17世纪最强大的舰队。

西班牙人为什么没有乘胜追击？这个问题已经被争论了很长时间。我不知道有没有真正的结论，但主要倾向于说西班牙人败在没有发展出一个中产阶级——一个
75 营商阶级，换句话说。西班牙人在态度上一直很封建，他们的权力基础仍然是以教会为基础的地主贵族，从来不允许中产阶级发展自己的自主权和权利。

现在，荷兰人正好反其道而行之。他们几乎没有任何贵族。荷兰的建国，他们能获得独立（实际独立时间是1581年，1648年为法定独立时间），这一切都是拜商人所赐。正是中产阶级创造了荷兰这个国家。

跨过英吉利海峡，在伦敦，也同样是中产阶级最终

推翻了查尔斯一世（1600—1649），摧毁了旧的君主制，创造出新的英国人。这些人立足于伦敦，他们的财富也以伦敦为基础。甚至更早的时候，有钱的人总是来自伦敦，而伦敦商人说话总是举足轻重的！贵族无疑拥有军队，所以商人们既然在人家屋檐下，怎能不低头呢？于是就要靠手里的钱来说话了。到了伊丽莎白一世（1533—1603），伦敦的行业公会焕发出新的生命，商人阶层的行会大行其道。

在西班牙，这些企业自始至终都是皇室的，包括派遣哥伦布横跨大西洋的也是皇室。西班牙贵族对下层阶级颐指气使，从来不给后者任何话语权。有个对我很有吸引力的理论——但我不能肯定它是否确凿——是说西班牙海军和帝国企业的利益未能得以扩大，意味着他们在国内缺乏坚实的基础。这意味着，一旦贵族陷入破产或骄奢淫逸的境地，一旦失去对财富和权力的控制，他们就完蛋了。另一方面，英国和荷兰建立的东印度公司
那种商业类型就根基坚实、资金丰厚，能够通过贸易者 76
之间的团结一致来维持长途贸易。他们自己之间不会鹬蚌相争，他们一致对外。

黄：在我们的讨论范式内继续这个话题，西班牙人越过大西洋，占据了大量的土地，而在大西洋的另一边则仍然是大陆国。时机成熟时，其他欧洲国家也在美洲安顿下来，但英国人并没有成为大陆属性的。相反，他

们在全球舞台上所施展的势力仍然是海上型的。位于世界另一边的菲律宾的情况能够说明您的观点吗？

王：这确实是个非常有意思的历史事件。将西班牙人与葡萄牙人之间的世界分开的是《托德西拉斯条约》(Treaty of Tordesillas)。[9]教皇只是想确保西班牙人和葡萄牙人不要相互打架了。当麦哲伦和他那群人从东部抵达菲律宾时，他们看到葡萄牙人已经在菲律宾南部的香料岛上了。他们达成了一项谅解，那就是西班牙人在棉兰老岛以及那个岛以南的地方止步，让葡萄牙人拥有其余的地方。所以菲律宾的形成是偶然的。如果不是要和葡萄牙人瓜分世界的话，西班牙人本来不会宣示其主权——我认为，他们不一定会这么做。它与哥伦布横渡大西洋发现“新大陆”有很大关系，可以联系到你说的对南美洲土地所有权的兴趣上。对教会而言，土地所有权是财富的关键。

黄：土地耕种的需求也激发了对农民的奴役。我想
77 象，如果对权力和经济有另一种思维的话，被征服的人民可能会被充当水手而不是农民。北美的情况如何？为什么情况会如此不同？

王：在我看来，在很长一段时间里，英国人都并没走太远。他们有十三个殖民地，但他们的定居点仍然在沿海。在长达两百年的时间里，他们都没能越过阿利根尼山脉（Alleghenies），部分也是因为土著人的阻挡！他们

的敌人是法国人、西班牙人和荷兰人，战场在加勒比地区。

事实上，如果与东南亚进行比较，加勒比地区也是非常有意思的。世界上唯一类似东南亚的地区就是加勒比地区，多岛屿，没有自己的文明或政治体系。东南亚的各族人民被消灭的这一事实，使东南亚的故事非常耐人寻味，因为，在某种程度上，马来世界有足够的政治结构抵抗西方。他们的思想中混合了印度教—佛教和穆斯林的王权、行政、管治观念，以及从统治者角度出发的战略思想观念，并为统治者的合法性而将之与真主或其他神祇联系起来。

加勒比人民就没有这些东西，所以西方人草草地就接管了——西班牙人占了一小块地方，法国人、荷兰人和英国人也是一样。所以它永远形成不了一种区域感。

但在东南亚，这地方是有国家的。你看，最后，殖民地国家不得不离开；他们没办法妥善地进行殖民统治。那里的人民有自己的文化，有能力抵抗欧洲的势力。此外，该地区与欧洲相距甚远，一直也没有足够多的欧洲人在那里。另一方面，加勒比人民太脆弱，也被疾病消灭了。在古巴、多米尼克、海地、牙买加等地，当地人完全消失了。所以他们的故事就戛然而止了。

东南亚就很幸运，它不仅因无人相扰而落得自在， 78
而且还从外面得到了足够的投入，使它得以抵御后来者。

所以它后来对一切所做的接纳都是自愿的。他们自愿接纳了印度教和佛教，他们自愿接纳了伊斯兰教。没有宗教战争，根本没发生这样的事情。所有事都是他们心甘情愿去做的。唯一不是自愿的是西式现代化。这才是强加给他们的。

就连信奉天主教，对于菲律宾的大多数人来说，也是自愿的。南方的穆斯林抵制天主教，但这场抗争是出于从世界另一边带过来的宿怨。不是当地的。当地的纷争没有别的原因，就是教会抵抗穆斯林以及穆斯林抵抗教会。仅此一例。其他宗教和文化的影响都是自愿接受的。

如此想来就会觉得，这一点是多么非同小可。这个地方没出现过任何宗教战争。开战的原因通常都是争夺贸易权一类。因为有这样的传统，宗教在西方到来的过程中所起的作用就很小。马来世界感兴趣的基本上就是贸易。东南亚的大陆部分可能不尽然，因为拥有不同的防御体系和政治设置。而另一方面，海洋世界则完全是个贸易世界，西方才得以趁虚而入。他们给这一地区带来的新要素是军事力量：无论是在槟城、椰城（Batavia）、新加坡，还是澳门，他们都拥有停驻权力和建立基地的海军力量。

马六甲被葡萄牙人统治是个开端。他们接手了这座马来人的城市，并将它变成了进行贸易扩张的武装堡垒。

这并非马六甲帝国的全部意味。旧时候的马六甲差不多
应有尽有。它是马来式的企业。而新马六甲则是葡萄牙 79
企业，孤悬于国土几千里之外。他们需要武装基地，并且也基本上得到了三个基地：马六甲、澳门这块小小的踏板，以及香料岛的安汶（Ambon）。往西更远一点，他们已经得到果阿，这些地方就是他们所需要的全部。

黄：在亚洲，葡萄牙人并没有像后来的英国人那样醉心于控制大片的土地。

王：如果你看整个的英国历史，你会看到每当他们投身于对大陆的控制时，他们就会输局。那从来不是对他们有利的事，但他们倾向于忽视这一点。

黄：像在美洲一样。

王：甚至可以上溯到更早。从诺曼人一直到亨利五世以后，他们一直在法国打仗。而且每次都输了。最后，他们唯一可以做的就是回到他们自己的岛上说声“大陆被切断了”。他们唯一的掩护就是英吉利海峡。

他们与大陆势力总是有麻烦，因为他们是一个小国。他们人口有限，能在美洲有十三个殖民地，在某种程度上已经是非凡之举了！加拿大的情况也是一样。在其他地方，他们占岛而居。他们喜欢岛屿。连澳大利亚也是个岛屿嘛！中国香港地区是一个非常好的例子，新加坡也一样。那种地方他们才觉得安全，因为他们自己的力

量是在海军上。有了海军力量，你就可以保卫任何岛屿。

他们不该陷入大陆之中。那么为什么他们在印度犯
80 了这样的错误呢？我的推测，如果你的基地在一个大陆的边缘，而不是在一个岛上，那么帝国的扩张就不可避免了。不推进，你就不安全。“前沿防守”的思想是可以理解的。我认为，对他们有吸引力的事是进入德里。但那是个远水不解近渴的地方，可他们没有看到这一点。然后他们还更进一步，进入旁遮普省，进入了阿富汗。你看，他们真的陷进去了！他们狂妄自大，被亚历山大及罗马帝国的帝国历史冲昏了头脑。

黄：一种宿命感油然而生。

王：是的。不过，当然了，仔细想一想，他们还是做得不错的。英国人能以区区十万之众——这是大多数统计得出的数字——持有如此广袤的领土达百年之久，这是相当令人刮目相看的。

黄：更不用说他们还成功地进行了深刻的文化渗透。

王：哦！这方面，太能干了，太能干了！如果他们专注于文化渗透，他们或许还能做得更好。在这方面他们真是破费了不少钱，但最终他们没有从中赚得多少。基本上，他们要管治一个地方也是代价颇巨。私营商家盈利了，但对于国家来说，很多方面都是很大的负担。

大量的英国人才将财力和生命消耗在了印度，导致

英国与欧洲的联系极大地削弱了。在某种程度上，一旦陷入了那样一个陷阱，他们就变得与欧洲历史无关了。他们在别的地方太过投入。所以你可以看到，随着时间的推移，英国对欧洲的兴趣成了外围的。在某种程度上，
日本与亚洲的关系也重复了这种命运。他们陷入了同样 81
的历史陷阱。对大陆的恐惧——与它的概念性分离——很大程度上成为人们心理的一部分。

在大陆过假期无非就是去个度假胜地，这是你能想见的典型的英国人想法。一车接一车或一船接一船的英国人去到比利时，他们全都钻到一条街或一个什么地方的英国酒吧，那里的一切都是为了让这些游客感觉宾至如归。他们将所有的时间都消磨在那里，然后打道回府。这就是大陆式假期的概念。

在早期历史上，上层阶级会举行大型的欧洲巡游。这在当时无疑被视为是一件壮举。直到那时，普通的英国人还都对穿行到大陆上感到非常陌生。这就是为什么你看到，英国在欧盟里的处境一直如此为难。

黄：我记得，当英国朋友提到“大陆”的时候，我惊讶地发现，他们指的是法国。

王：那是他们的敌人啊，在数百甚至上千年间都是。

黄：谈到历史宿怨，在爱尔兰，维京海盗这个话题仍然是一个很突出的焦点，即使在今天也是如此。我想，斯堪的纳维亚人在那里留下了伤痕。

王：是的，爱尔兰人非常有意思，因为他们在英国的边沿上。这就是我认为英国人本身很有意思的地方。他们是撕裂的，因为他们是凯尔特人和盎格鲁—撒克逊人的混合体。他们是日耳曼人和凯尔特人，而日耳曼这一面在某种程度上与大陆是一致的。他们的根在那里，他们的语言是日耳曼语，他们许多人都源自日耳曼人。
82 但凯尔特人的那一面肯定是反大陆的。但他们的确与欧洲有特殊的关系，有助于他们对付日耳曼人；苏格兰人和爱尔兰人投靠法国，爱尔兰人投靠罗马，来捍卫自己、对抗盎格鲁—撒克逊人。苏格兰也是这样。苏格兰天主教徒相当强大。

但至关重要的是，一路下来，到拿破仑和希特勒的时候，欧洲的大陆力量都依然非常强大。英国人总是处于外围，总是边缘的。最后，在第二次世界大战中，英国人需要美国人出手才能活下来。他们真的无法将自己与欧洲人等同起来。像温斯顿·丘吉尔这样的人是英雄人物，因为他代表着与大陆的分离。但话说回来，他有个美国母亲。我想我们在这里谈论的是个深刻的情感事件及历史事件，这是很难一带而过的。

黄：北大西洋现在成了他们的池塘。

王：这在我们语境中相当于地中海北部。北大西洋是另一个地中海，将一边的美国人和加拿大人，与另一边的英国人联系在一起。

黄：那么在这样一个全球史观中，非洲在哪里？

王：非洲说来也是非常有趣。它在很大程度上被英法两国接管，所以在非洲，有一个英法序列。南部的非洲人被基督教化了，有对英—法人的依附。法国在中部非洲直至今日都有军事据点：在乍得、尼日尔和中非共和国都有。这些地方都完全依赖于法国。[10]

基督教世界与穆斯林世界之间存在冲突。双方都一 83
直在以极快的速度发展教徒。20 世纪皈依成为基督徒或穆斯林的人大部分都在非洲。所以眼下彼此之间正划开界线。尼日利亚是一个非常好的例子，该国人口中大多数是穆斯林，少数是基督徒。

黄：我想，那里的人对中国人的突然出现有怨恨。

王：中国人去那里也是各有目的，有寻找资源的，也有搞贸易的。小部分基础在冷战期间就已经打下了，支持非洲人反英法殖民地的项目。分野很清晰。英、法都在美国一边，而非洲民族主义者更可能另觅蹊径。他们不一定是共产党人，只不过是在寻求一种捍卫家园、抵抗英法统治地位的途径。所以毛泽东和周恩来领导下的中国就参与进来了。我们仍能看到一些当年留下的痕迹。例如，中国曾派了很多人到坦桑尼亚这样的地方兴建铁路。这就看非洲国家是否表现出不想太过于依赖英国或法国的意愿。此外，中国人竭尽全力地结交那些支持他们进入联合国的非洲人。

黄：所以，现代的全球冲突和国际关系，主要源于欧洲需要绕过对它的有效封锁。向南，葡萄牙人越过非洲，绕过好望角进入印度洋。向西，欧洲人发现了美洲。

王：那时没有人知道美洲。哥伦布要去的是印度。但一旦欧洲人发现了美洲，他们就移情到这上面来了。
84 如果那地方一无所有，他们早就直接跨过去了！毫无疑问，哥伦布本来要花更长的时间横穿太平洋，那会是与大西洋一样的海洋。但尽管如此，航海的人也可以绕过这个陆地，而且没过很长时间，他们就发现了这一点。在哥伦布抵达圣萨尔瓦多28年后，麦哲伦南下，成功穿越了南美洲。当所有这些消息传回到欧洲时，那种轰动你可想而知。

也可以往西北试航，他们也这么做了！当时英国人正在探索加拿大的河流和海岸，想看看能否找到进入中国的路径。你知道，他们在南面被西班牙人封锁了。他们就想另辟一条路出来。

我的前同事奥斯卡·斯帕特（Oskar Spate）写过一本很棒的书，叫做《西班牙湖》（*The Spanish Lake*），写的是太平洋的早期历史。[11]当时太平洋是西班牙人控制的，确实被称为“西班牙湖”。取道菲律宾往来于中国和墨西哥之间的马尼拉帆船贸易是当时最不得了的事情。

也就是这个时候，中国人闯入了画面。这本身就是一个非常有趣的故事。墨西哥的财富——黄金和白银——对东亚经济是非常重要的贡献。福建人在西班牙人到来之前就已经在马尼拉捷足先登了，但他们是成群结队地蜂拥而来的，于是这座城市成了这项贸易的中心。这时中国人愈来愈多，使得远离家乡的西班牙人非常紧张。这导致了对中国人的大屠杀——进行过两次。[12]中国人拥有小商船，但轻型武装的船只，无法真正对付西班牙人的武装舰队。西班牙人在马尼拉有圣地亚哥堡（Fort Santiago）作防御工事，而中国人只有中国式的城寨。

但贸易很兴旺。没有贸易，菲律宾就难以为继了。85
他们没有资源，白银来自墨西哥，纺织品来自中国，茶和其他东西都是用墨西哥白银交易的。这就是为什么墨西哥元已经成了东南亚几百年来的基本货币，直至20世纪。

但东南亚从未成为地中海。我认为东南亚只是个半地中海，因为地中海作为一个权力系统，作为文明的基础，需要从两方来施加力量，相互抗衡。这就是一种现实，一种奇怪的动态平衡，各方在和平与战争中保持团结一致，保持统一。

但东南亚并不是这样的，北边的中国人志不在此，其他人只顾埋头过自己的日子，两股力量是南辕北辙的。尽管形成地中海格局的条件可以说已经在那里了，但它没有引起华人世界的足够兴趣。如果爪哇人这时已经足够强大，足以代表一种与中国人势均力敌的力量，也许中国人会更留意些。但是中国人觉得占婆（Champa）太小了，不值得挂怀，越南已在中国的羽翼之下一段时间了，且对他们并不构成威胁；在此之外，马来半岛上对于他们来说没有太多政治性的东西。印度人来了，还来了一些波斯人和阿拉伯人，马来人也来了一些，但也就是这样了。所以他们只是转身而去，没有更多在意。

你需要一种不同的世界观和不同的结构才能因地制宜。葡萄牙人不太得其要领，而西班牙人则并不真有兴趣。荷兰人倒是有兴趣，但又没有实力。他们实际上走得很远。他们到了南非、锡兰、印度、马六甲、椰城，一直到了中国台湾和日本。

所以这一链条早在英国人到来之前就存在了。与英国不同的是，身处大陆的荷兰人并不安全。他们得时时
86 提防着法国人和德国人，并且不能忘了仍在比利时的西班牙人。毕竟，此时此地荷兰仍然在西班牙的治下。他们本来是在遥远的国外与英国人作战，但最终意识到他们奉陪不起。他们在几次英荷海战之后就相安无事了。作为一个大陆国，他们有英国人所没有的脆弱。英国人取代荷兰成为主要的海洋力量是早晚的事。到了18世纪时，荷兰人果然甘拜下风。

小岛大国

黄：19世纪之初，英国人力挫拿破仑，打败了欧洲

的强权，这在海洋扩张时代的英国人的想象力中到底有多重要？

王：这场海战至关重要。一旦控制了海洋，他们就能够裹挟西班牙和德国的大陆力量来对抗拿破仑。所以，像惠灵顿公爵这样的人能够在滑铁卢打败拿破仑，靠的是海上和外交手段。如果靠他们自己的话，英国人无法在陆地上击败法国人。在大陆，他们实际上一直处于巨大的压力之下。[13] 实际上多亏了惠灵顿领导的盟军，他们无疑是坚定可靠的，而这是因为英国对海洋的控制。最终，起决定作用的还是海军力量。英国人能够在地中海打败拿破仑的这一事实是非常重要的。他们有直布罗陀，他们在西班牙有加的斯，他们还有葡萄牙人。英葡关系从一开始就非常好，因为葡萄牙人总是需要帮手来对抗西班牙。基本上他们在南部阻挡住了拿破仑，而德国人意识到，这种不团结使他们显得不堪一击，于是与奥匈帝国并肩行动起来。最后，所有人都成了法国的敌 87
人——首先你牵制住法国人，然后与他们打一场陆战。但至关重要的，我认为，还是海战。

当拿破仑战争开始时，法国人在印度洋上几乎没有实力。他们没有海军可言，法国海军在地中海失利之后已经名存实亡了很长一段时间。拿破仑战争使得英国人能够代表荷兰人管理爪哇，这一事实很自然地使他们后来选择廖内—林加（Riau-Lingga）群岛一带作为基地。斯坦福·莱佛士（Stamford Raffles）认识到，如果你控制不了马六甲海峡南端，你就永远算不上真正做得了主。

小岛对于英国来说真是很重要，对他们有着难以抵挡的诱惑。英国海军力量和帝国势力的秘密就是对小岛的利用。这一点是非常显著的。我能想到的绝佳例子就是太平洋所罗门群岛中的瓜达康纳尔岛（Guadalcanal）。该群岛上有一个大的岛和一些小岛。但英国选择在哪里建基地呢？他们选择了主岛的一个最小的离岛——图拉吉岛（Tulagi）。换句话说，主岛太大了。所以，对于他们的战略目的来说，即使是岛屿也可能会太大了。所以在这里，他们占下最小的一个岛用于防御。

黄：这让我想起香港殖民地的建立。1841 年，英国海军上将查理·义律（Charles Elliot）出面谈判达成香港的割让，为此显然遭到伦敦上司的责骂，嫌他选了这样一个小岛为基地。

王：一个弹丸之地。

88 黄：是啊，弹丸之地。但考虑到那些切实在建设帝国的人们的心态，选这么个小岛是对的，不是吗？

王：是的，是的。但图拉吉岛比香港小太多了！我还真的去过所罗门群岛。那是我住在澳大利亚的时候，我去那里，我看到了。那里是非常具有防御性的。他们在那里建了一座堡垒，还有一些政府大楼和码头。你所有要做的就是在那里放一艘全副武装的船只，就没有人能够闯过去了。

厦门也是这样的情况。在那里，英国人把他们所有的办公室都建在厦门的离岛鼓浪屿上了。虽然厦门本身就是一个岛屿，但对于他们来说还是太大了！

黄：他们对台湾岛的兴趣不是很大。

王：台湾岛太大了！荷兰人没能控制得了。最后，他们不得不放手。这个岛屿对于这些海上势力来说太大了。由于缺乏人力，他们的帝国原则就是维持他们能够防卫的小岛。如果浏览一下关于荷兰人如何败给郑成功的大量研究——郑成功是明朝的忠臣，是在满族入侵的时候从大陆逃到台湾岛的——你会看到荷兰人实际上拥有更强大的军事力量。[14]他们有一个坚实的堡垒，并且拥有比郑成功的装备更强大的战船。理论上他们是有防守能力的。但是他们失败了，最后他们将失败之责归咎于总督的鲁莽、失误和投降。但关键是，他们并不是败在能力不够上。简而言之，是因为荷兰人只控制得了这个大岛的边缘。

所以，现代世界的性质整体上就是基于这样一个控制离岛的想法。这就是为什么新加坡今天仍与世界息息相
关——你看，就是因为这个。当马来亚联邦（Malayan U- 89
nion）的主张在 1946 年实施时，英国人认为他们应该在新加坡守候下去，这倒并不是因为马来领导人不想要这个有太多华人的岛屿，但我想，也是因为英国人觉得他们在那

里有发展机会。槟城和新加坡他们不能兼得。他们的全部需要就是一个岛，作为他们在东南亚的基地。

事实证明，他们也不得不放弃新加坡，不过他们当然没有想到，新加坡会变得如此成功。无论如何，他们自己是做不到让新加坡这样成功的，因为他们没有合法性。但无论如何，一个岛便是某种他们能理解的东西，他们在香港守候了尽可能长的时间。

所以你可以看到为什么今天东南亚如此令人关注，又为什么它被忽视了数世纪之久。欧洲人花了数百年的时间才意识到，在与印度和中国这两个该地区大国打交道上，整个东南亚都可以说是非常重要的。他们直到离开的前夕才明白这一点。当日本控制了东南亚时，欧洲人意识到，整个东南亚可能是中印两国之间的一个实体。因此，随着蒙巴顿（Mountbatten，1900–1979）麾下的盟军东南亚战区司令部在斯里兰卡的科伦坡（Colombo）设立，[15]东南亚才开始被视为一个地区。也是在那个时候，有关东南亚的第一批著作才开始孕育出来，多比（E. G. H. Dobby）、地理学家们、霍尔（D. G. E. Hall）及布莱恩·哈里森（Brian Harrison）都开始书写一个名为“东南亚”[16]的地方。

值得一提的是，在霍尔笔下，他排除了菲律宾。他曾在盟军东南亚战区司令部待过，那个战区不包括菲律宾。菲律宾那时候在美国的羽翼下！不过后来，当然他又把菲律宾加进来了。他们已经开始明白，东南亚应该被视为一个整体。

这在战略上非常重要。一旦世界全球化了，你们就一 90
边有个巨无霸大国——中国，另一边有个英国打造、现在留给了印度人的印度，于是你开始对这个地区产生巴尔干化（Balkanization）的想象。正是在这一时期，出现了对东南亚巴尔干化的讨论和担忧。为了避免东南亚发展成为亚洲的巴尔干地区，所有国家共同发展的想法发展了出来——源于卑微的军事初衷，可以这么说。

黄：我明白了。所以，东盟就是这样应运而生的。

王：在东盟之前，我们曾有个“东南亚条约组织”（South-East Asia Treaty Organization，以下简称 SEATO）。当时冷战正在肆虐，西方国家都在处心积虑地想分裂东南亚。他们所关切的是遏制共产主义。越南和缅甸已经在西方的控制之下，而柬埔寨和老挝则无关紧要。为了保护殖民地，泰国是个关键；它必须得到保护。所以他们做的第一件事就是把泰国带入 SEATO。

这时，美国对东南亚的想法与英国的并不一样。英法方面的想法就是今天东盟的想法。美国人则不是——其想法是一个一路跨越印度洋延伸到伊朗的东亚或东南亚。这就是为什么 SEATO 也包括巴基斯坦，那是因为美国人单单想遏制俄罗斯和中国。所以他们形成了一个长弧。藉着 SEATO，他们尝试了不同的解决方案。在苏加诺（Sukarno）倒台、苏哈托（Soeharto）继任后，东盟最终产生。

苏加诺是令他们胆寒的一个。他也是亲共的，而共产党在印度尼西亚太有势力了。我记得 1965 年与人们谈起印
91 度尼西亚时，他们对印度尼西亚将要走共产主义道路是非常警觉的。在实际的政变之前，印度尼西亚共产党看起来非常强大。这引起很多人的警惕。中国国家主席刘少奇在雅加达接受苏加诺的款待时，印共和中共的人都在招待会上，当时苏加诺的政府里有许多左翼人士。

我那时在澳大利亚。那时候警钟长鸣啊。共产党人就在澳大利亚的边上！所以他们谈了很多关于“前沿防卫”和派遣部队到印度尼西亚一类的话题。这就是当时的语言，你知道！我记得新西兰有一位海军上将发表了一通臭名昭著的言论，而那是《澳新美安全条约》（ANZUS）的一部分。[17]他表示，他们的前沿是湄公河，有人不得不向他指出，湄公河的源头在西藏，在中国！但这就是那时的心态——“前沿防守”——而这全都是出于对印度尼西亚可能变成共产主义国家的惧怕。

现代的战略思想是真正的大国通过代理人交战。冷战无疑就是如此。自第二次世界大战以来，大家都明白了，当大国动武时，伤害太大了。俄国人一掌握核武器就更是不可想象了。一旦出现这种局面，战略思维必须是从平衡出发的。冲突是在外围展开的。于是外围变得重要起来。

在全球视野内，制海权是至关重要的，现在与地面力量一样重要。于是海洋周边国家就成了代理人。这在今天

仍是如此，尽管苏联不复存在了。随着中国崛起，我们仍是有两个主要大国。这些国家不能打起来，所以他们会一直对话、对话、对话，偶尔恶言相向，但基本上他们都避免交战，而是让代理人去打。

今天是美国在控制海洋区域，他们知道这是他们的优 92
势所在。中国人正试着涉足进来，但每次他们这样试一下都会被骂。自从五百年前郑和撤退以来，西方就一直占着这一历史性优势。

中国人会如何补救？对他们来说这几乎是不可能的任务…… 非常难，非常难。

注释

1. “A Two-Ocean Mediterranean”, in *Anthony Reid and the Study of the Southeast Asian Past*, edited by Geoff Wade and Li Tana (Singapore: Institute of Southeast Asian Studies, 2011), pp. 69-84.
2. 萨拉米斯战役（Battle of Salamis）爆发于公元前480年9月，在雅典附近的比雷埃夫斯岛（Piraeus）与萨拉米斯岛（Salamis）之间狭窄的海域展开。雅典人地米斯托克利（Themistocles）率领下的希腊联合海军浴血奋战，彻底打败了波斯王薛西斯（Xerxes）的海军。这一盛衰之变很快导致了波斯的灭亡。
3. Lars Brownworth, *Lost to the West: The Forgotten Byzantine Empire That Rescued Western Civilization* (New York: Three Rivers,

2009).

4. 在公元前338年的喀罗尼亚战役（Battle of Chaeronea）中，希腊城败给了亚历山大的父亲，即马其顿的菲利普二世（公元前359—公元前336）。

5. 在1809年至1811年所谓的毛里求斯战役中，英国人击败了拿破仑在印度洋的海军，完全控制了印度洋，确保了通往印度和其他地区的海上贸易航线。

6. 高棉帝国从802年持续到1431年。

7. 对室利佛逝国的城市展开攻势发生在拉金德拉·朱罗一世（Rajendra Chola I）在位期间（1012—1014）。参见 Herman Kulke, K. Kesavapany, and Vijay Sakhuja, eds., *Nagapattinam to Suvarnadwipa: Reflections on the Chola Naval Expeditions to Southeast Asia* (Singapore: Institute of Southeast Asian Studies, 2009)。

8. Giles Milton, *White Gold: The Extraordinary Story of Thomas Pellow and North Africa's One Million European Slaves* (London: Hodder & Stoughton, 2004).

9. 《托德西拉斯条约》于1494年6月7日签署。

93 10. 参见 Thomas Pakenham, *The Scramble for Africa* (London: Abacus, 1991)。

11. Oskar Spate, *The Spanish Lake* (Canberra: ANU E Press, 2004).

12. 根据 George H. Weightman 的研究，1603、1639、1662、1686、1762年相继发生了有系统的、政府支持下的大屠杀。参见 George H. Weightman, "The Philippine Chinese: From Aliens to Cultural Minority", *Journal of Comparative Family Studies* 16, no.

2（1985）：131–179。主要的两次屠杀事件分别是发生在1603年10月的“常来人叛乱”（Sangley Rebellion）及1639年至1640年的一场。这两场屠杀中有超过2万华人遇害。

13. 想深入了解英国在法国逼迫下所面临的财政和政治上的枯竭状况，以及他们绝地求生的垂死一搏，可参见 Roger Knight，*Britain Against Napoleon：The Organization of Victory*，1793–1815（London：Allen Lane，2013）。

14. 郑成功（1624—1662），世称“国姓爷”（洋名 Koxinga），是明朝忠心耿耿的水师海战将领，他用尽余生最后16年抵抗满族入侵中国。郑成功在1661年至1662年的最后一场战役中把荷兰人赶出了台湾。

15. 东南亚战区司令部（South East Asia Command），1943–1946。

16. 参见 E. G. H. Dobby，*Southeast Asia*（London：University of London Press，1950）；D. G. E. Hall，*A History of South-East Asia*（London：Macmillan，1955）；及 Brian Harrison，*South-East Asia：A Short History*（London：Macmillan，1950）。

17. 《澳新美安全条约》（The Australia，New Zealand，United States Security Treaty，简称 ANZUS）于1952年生效，约定澳、美、新三国在太平洋的军事行动中进行合作。

第三章

东南亚与外来帝国

现代时期的东亚和东南亚

黄：我建议我们继续讨论“东南亚”这个概念，可以吗？ 94

王：正如我早先所说，“东南亚”这个词其实源于二战期间，来自蒙巴顿在科伦坡的指挥部，即所谓东南亚总司令部。这个词就此沿用了下来，是因为去殖民化（decolonization）的出现，英国人和美国人觉得这个词有用，我认为法国人和荷兰人随后也用起这个词来。去殖民化使他们开始惦记该地区的未来，他们担心那里会出现巴尔干半岛那样的情况——支离破碎，实际上是权力的真空。欧洲的经验被转移到这个地区，其概念就是哪里出现裂缝，哪里就会有大国干预。他们环顾一下就可以看到，一边是独立而又不堪一击的印度，另一边是中国（联合国安理会五大国之一）。

战略规划者看到了潜在的政治真空，他们要想做实事， 95
就需要一个更为协调的大局观。将东南亚确定为一个地区有助于他们设想未来。不过，这件事并没有立即发生。美国人花了些时间才接受它，因为他们想问题是从东亚或西太平洋这个角度出发的，他们从来没有以英国人和法国人的那种方式来看待南亚。欧洲人看到印度，美国人看到中国；在他们眼里，这两国中间的区域如同残余之物。所以法国人使用了“印度支那”（Indochine）一词，这非常有趣，因为这表明法国人已然视这个地区为有点中国、有点印度了。对于向东迁移的西方国家来说，这个地区的确是以印度和中国为参数来定位的。

黄：早期的时候，英国人将该地区称为“远印”（Farther India）。

王：远印，更远的印度，是的。他们那时正考虑将英国的势力从印度辐射到更远，延伸到马来半岛，进入缅甸。缅甸实际上是印度的一个省份，是印度的尾端；这一点缅甸人从来没有忘记。所以他们的观点总是以印度为中心。然而美国人关切的是菲律宾和日本，战略上趋于以中国为中心。

“东南亚”其实是个英国人的概念，这一点值得注意。美国人最终明白了这个概念可资利用，但即使如此，其使用也多是在学术界而已。战略思想家仍主要用“东亚”一词来说事。甚至大学里也将“东南亚”话题归入“东亚”；
96 只有少数几间大学接受了“东南亚研究”的想法，如康奈尔大学，后来密歇根大学和加州大学伯克利分校也有了。

但其他很多大学都没有！英国人在这方面起步就很早。以伦敦大学亚非学院（School of Oriental and African Studies, London University，简称 SOAS）为例，该学院直接设有一个东南亚研究中心，与南亚、东亚研究中心并列。我认为伦敦大学早有明确的想法了，而牛津、剑桥则花了一点时间，因为他们对此并不那么感兴趣，他们正研究古典时期呢。所以我会说，这是战后英国人的概念，但最终被所有人和所有战略思想家接受了。

黄：中国人的"南洋"这个词有没有这方面的战略意义？

王：谈不上有。你知道，"南洋"实际上是一个非常现代的中国说法。我在写《南海贸易》这篇文章时用到了"南洋"这个词，人们甚至为中国人是否真的在意南海而争论。[1]这是今天我们遇到的问题之一。在过去，任何事都没有确切的定义：没有精确的地图，没有边境，海上肯定更是没有。陆地上的边界还可以在一定程度上辨别，但海里怎么划界？这些都是不太可能确定的。所以，现代这些有关边界的争吵都是非常新的问题。

基本上，这些用词非常宽泛。例如，"南海"一词确实存在，但不准确。实际上我把它等同为"南中国海"，这样就赋予了它一个新的焦点。但他们还有很多其他用词。截至 17 世纪，中国人的说法还是"东西洋"——太平洋的东边和西边。"东洋"指日本、朝鲜、菲律宾和苏禄

(Sulu)。换句话说，“西洋”指的是南中国海、爪哇海和印度洋。所以这条界线实际上是划下了的，大致是从福建省（比如泉州这样的地方）往南望去。

97 所以“东洋”的提法在很大程度上是指向日本和东部地区的。那么在另一边呢，就是马来半岛、南中国海、爪哇海和印度洋。所以，即使迟至 17、18 世纪，“东西洋”的说法依然在用。郑和将军出海的时候，就是“下西洋”。这在 15 世纪就已经是个常用词了，虽然没有定义。但 17 世纪初的著作《东西洋考》确实画出了一条界线。[2]

所以南洋——南太平洋——是对南部一些事物的识别。我认为这个词来自 19 世纪，是在中国人开始发展海军的时候。虽然他们那时还没有海军可言，只有沿海舰队。在鸦片战争（1839—1842）中被英国人打败之后，他们便意识到非励精图治不可了。所以像曾国藩、李鸿章和左宗棠这样的一些人，就成立了一个海军造船厂。他们想争取英国人的帮助，但遭到了拒绝。随后他们请来法国人训练海军。他们决定成立两个舰队——北洋水师和南洋水师。北洋水师由北京所辖的天津经营，而南洋水师则大致驻扎在上海南部一带，总部之一位于福州，从上海南望的地方。该地区至少有三个被西方人打开的通商口岸——上海、宁波和福州。只有在此之后，你才能看到“南洋”这个词，它经常被人们用来描述所有离开厦门和香港“下南洋”的人——离乡南下太平洋。它并没有边界的提示。你或许可以把南太平洋都包括进来：你可能去的是斐济（Fiji）或巴布亚新几内亚（Papua New Guinea），甚至可能是澳大利亚。

它所表示的是大体上的南向之旅。所以它也不是指东
南亚。事实上，日本人对这个词也是这么用的，日语“南 98
洋”（Nanyō）绝对包括南太平洋。他们的想法就是“南
方”——一直向南到澳大利亚，穿过东南亚和南太平洋。

所以“南洋”没有任何政治、安全、军事、海事这方面的内涵。它与海事的关联是在两支中国舰队面对不同方向这个意义上的。对于日本人来说，反正他们几乎所有的海事活动都在“南洋”，即南边。所以他们基本上只是活跃于南洋。

黄：1894 至 1895 年中国人与日本人打的那场灾难性海战（甲午战争）只涉及北洋舰队吗？

王：不，中国整个海军全军覆没。连南洋水师也被派到北边去增援了。日本海军实际上全歼了他们，仅用了短短几天的时间。即使把进军的航行时间也算进来，最多也就几个星期而已。真的很可悲。这一役惊醒了中国人，但这时做什么都为时太晚了，清朝很快就崩溃了。之后新成立的中华民国处于很糟糕的状态，没有中央政府可言，各派系相互混战，哪里顾得上谈海军建设或者国防？他们尝试过，但主要是嘴上说说，就算做了些微不足道的努力，也是在没有足够的资金、训练和设施的情况下。所有这一切都要仰英日联盟的鼻息。

后来，为了遏制潜在的海军军备竞赛，英、美、日、法、意大利于 1921 至 1922 年签署了《华盛顿海军条约》(Washington Naval Treaty)。各国就亚洲船运的吨位比例达成协议。日本人对此很是忿忿不平，感觉英美是在限制他们。尽管如此，日本还是接受了这些条件，因为他们没有资格
99 与英美这两个海上军事强国争辩。当时英国仍然是头号海上霸权，美国紧随其后。所以日本等于是被四国肢解，颇为不快地签了字。

但中国海军在哪里？条约中所有这一切都是以牺牲中国海岸为代价的。中国人看在眼里，记在心上，总有一天他们会对此做点什么。与此同时，他们正在打一场内战，全部在陆地上展开。事实是，当时的国民党曾试图建立一支小型的海军，但没有成功，人民解放军则完全是一支陆军。直到 1949 年他们取得胜利的时候，中共还没有海军。

黄：当国民党在 1947 年 12 月阐述“十一段线”时，是一个什么情况？

王：当时没有其他人提出领海要求。法国人在印度支那海岸有一条模糊的管辖线。沙巴（Sabah）和沙捞越（Sarawak）正在易手。他们在战前甚至不受英国政府控制——沙巴由北婆罗洲公司（North Borneo Company）管理，沙捞越则由布鲁克（Brooke）家族管理。所以基本上，将马六甲海峡从中间一分为二的《英荷条约》（Anglo-Dutch Treaty）[4]就是他们手中的全部所有。美国人从不耐烦去想提出任何

要求。

黄：很有可能就是您说的这样。中国历史上改朝换代的传统就是承袭前朝观念里的中国。

王：是的，每个朝代从前一个朝代手中接续帝国。无论前朝是否是外来的征服力量，都没关系。你看，这是中国史学的有趣之处。中国史学不是国家史。它是“天下”史；而“天下”是“天子”的皇权所及，属于儒家的认知范畴。

黄：中国试图从帝国观念转向民族国家观念，东南亚 105
也在发生类似的过程。

王：这当然是在西方的监护下完成的。这些领土实际上是由荷兰人和英国人管辖的，而这些分类是由他们决定的。我想你已经读过一些有关英国人如何计算马来半岛人口方面的著述。[7]首先，他们把人口分为布吉人（Bugis）、米南加保人（Minangkabau）、爪哇人，将各族群彼此都分开。马来人（Melayu）是众多特定族群中的一个。甚至吉兰丹（Kelantan）的马来人也不同于柔佛（Johor）的布吉人。而在中国人方面来说，还要分福建人、广东人等。

然后在某一时刻，这些都变了。我们开始用一些标题来标注大的群体：马来人、中国人、印度人及其他人。这样一来，就像“印第安人”这个词的用法…… 如果你要找个给你惹麻烦的群体名称，这个词就是个例子。

在那之后，这些群体在政治上变得意义重大。到底英国人为什么要采取这些变动，我一直不得其解。我想，部分原因是为了简便些吧。那地方既有来自苏门答腊的布吉人、米南加保人、巴塔克人（Bataks）、亚齐人（Achehnese），又有爪哇人，然后他们又通婚，为此平添了很多难题。到头来，该怎么算才好呢？为了行政管理的便利，就一股脑地把他们都算作马来人了。如果你看实际的记录就会发现，他们很清楚真正的马来人是谁，谁有保留地权（reservation rights）、谁没有。因为其他人是移民，所以没有这样的权利。这些权利保护了农地。所以如果你看马来联邦各州属的土地法规，你会发现里面提到了马来人的保留地。即便是欧洲人也不会去染指那些纯粹的农业用地。那些是为马来人保留的土地。

106 当然了，有些马来人的祖籍在外国，他们也是通婚了的。界线变得越来越模糊难辨。所以最后，英国人把他们统称作马来人。我认为，归根结底，这些区分并不重要，这些人都是马来群岛人——现在那地方称为印度尼西亚群岛了。

民族国家的兴起

黄：这又把我们带回到民族国家的讨论上来了。

王："民族"这个词很微妙。在欧洲的语境里，它是基于血统的。不仅仅是种族，它比种族的概念更窄。它是以谱系学为基础的，是血统上的。首先，你们是同一祖先的后裔，这是一种生物学的事实。然后你们还有共同使用的一种语言，这是一个关键的决定性因素。而且你们有同样的宗教信仰。最后，你们很长一个时期以来一直占据着同一片领土，这是你们的历史。所以“同一种语言、同一个宗教、同一个历史”就敲定了你的民族性。正是基于这一定义最终产生了第一个民族国家。

荷兰人在对西属尼德兰帝国（Spanish Netherlands Empire）开战时，可以说对这一点把握得很好。你有一种语言——荷兰语；你有一个宗教——意思是天主教不算在内；这些最终在比利时或西属尼德兰形成。所以你有“同一种语言、同一个宗教，同一片领土”。领土当然是他们为之战斗的，他们打了近百年的战争来划定这片领土，同时还为了表明他们不是日耳曼人。他们在那片土地上已经生活了足够长时间，所以他们还有历史。于是你们有自己的民族。在这个意义上，一边是荷兰人，另一边是葡萄牙人，便是这一切的开始。

葡萄牙人的情况则不那么一清二楚，因为他们的语言 107
接近西班牙语，宗教信仰与西班牙人相同，而且他们在同一位国王的统治下已经有一段时间了。所以这些令事情有点模糊不清。最后，葡萄牙人实际上依赖于英国人，而后者是支持他们反抗西班牙人的。所以葡萄牙是一个政治生成物，背后有其法律和司法的历史。

荷兰真的是打了一场独立战争。所以说，第一场反殖民反帝国的独立战争是荷兰人打的，是在美国的十三个英属殖民地爆发独立战争之前。那是怎样的一场战争啊，打了很长时间才见分晓。

1648 年，三十年战争结束时签署的《威斯特伐利亚条约》（Treaty of Westphalia），使他们开始确定“民族”这个想法。此后，民族的概念得到了越来越广泛的应用。

但是，它仍然没有被接受，这一点从日耳曼人继续拥有众多邦国中可见一斑。日耳曼民族在哪里？宗教改革运动后，事情对于他们来说并非迎刃而解。马丁·路德打开了一些局面，但他们仍继续处于不同的国王治下。没有宗教统一，只有语言统一。而在历史意义上，他们绝对是分开的领土。我会说荷兰人可能已经开始建立了民族国家，葡萄牙人可能已经有了类似的东西；但最重要的事件是法国大革命（1789—1799）。法国大革命基本上让我们看到了一个决定自己是民族国家的大国。不仅如此，它还扫清了民族国家之路上的一个障碍——宗教。新法国是个世俗国家。当然，其国民基本上是天主教徒，拿破仑时期的法国仍然有 95% 的天主教徒，但他们基本上走出了宗教的限定。
108 如今要谈的是语言、领土和国家了！所以民族与国家之间的联系绝对是法国大革命实现的，如果你想找到它们联系起来的日期。你看，就是法国大革命最终给日耳曼人灵感，从而产生德意志民族的。这是对拿破仑的响应，拿破仑已经把他们打得溃不成军，几乎全军覆没了。

普鲁士人与奥地利人展开较量，朝着建立一个德意志民族国家的方向迈进。奥地利人由于与匈牙利人和斯拉夫人等混在一起，所以人浮于事、腐败丛生，整体混乱不堪，行动力备受束缚。虽然奥地利人有个帝国体系，但普鲁士人几乎是百分之百的日耳曼人。我相信，正是普鲁士人从根本上扫清了民族国家的另一个障碍，即不必有同一个宗教，只要你们所信各宗都是基督教派。所以，天主教和路德会的信徒在这个德意志国家聚拢到一起。那么，这是拿破仑时期，这是法国——宗教确实变得不那么重要了。

由于法国大革命后的权力世俗化，德意志民族这一产物能够去除对宗教的强调。所以德国人可以团结一致，巴伐利亚人可以加入进来，否则还有什么能把巴伐利亚人带进来呢？他们是天主教徒。但是占多数人口的新教徒接受了他们，于是普鲁士人成就了德意志民族国家。最后，俾斯麦把握住了它。打败法国人这一目标驱使他牢牢把握住了它。

黄：我们在一开始的时候，谈到20世纪中国从帝制转变为共和政体的过程中所面对的种种困难。18世纪末期在欧洲，共和制（Republicanism）也经历过一个激进的过程。它是与过去决裂的一个载体，对于很多人来说难以接受。

王："共和国"有着比"民族国家"更为深刻的定义，
因为它比民族的想法更进了一步。它所寻求的是把忠于国 109

家的公民汇聚到一起。所以“国家”被加以强调。“民族”这部分关乎血统，而“国家”这部分则是政府的结构。法国这个国家是统一的国家，是在定都巴黎的同一个中央官僚体系管理之下的。所有这一切都是在君主专制之后产生出来的，并且形成为一个主要的模式，有公民参与和对每个人的权利的定义。这就是法国人，是新法国人。那时，德国人还没有这些，英国人也没有。

但我要再次说，是荷兰人先开始的。他们已拥有了共和制的理想。在对西班牙人进行的六七十年或七八十年的战争，他们发展出一种积极奉献的国家公民的思想。所以不仅有一个民族，还有公民因为一起参与战争而享有权利。

美国革命（1775—1983）源于所有这些想法。每个人都是公民，反叛是公民的反叛。不是国王、教会和国家在战斗，是公民在奋起反抗这一结构。当然，法国大革命走到了国王断头的地步。这事是英国先开始的——他们首先砍掉了国王的头。但是后来他们设法摆平了一切并在一定程度上恢复了元气。所以，他们的革命与法国革命不尽相同。在法国，拿破仑无疑恢复了君主制，但经过几十年的时间，法国人终于使教会和君主主义者让了路，创建了真正的共和国。

在这个意义上，这个想法直到 1848 年，即卡尔·马克思的《共产党宣言》问世那一年，才算真正赢得了胜利。直到 1848 年，你才看到一个真正的世俗的公民国家开始了。最后，以普法战争（1870—1871）为高潮，法国毫无疑问重又回到君主制。

黄：意大利人跟随德意志之后建立了民族国家。 110

王：意大利等其他所有国家都是受法国的启发的。在这个意义上，可以说，法国是民族国家的典范。英国人一直做得不太像，你知道。直到今天，他们仍然拥有君主制，苏格兰、英格兰、威尔士和北爱尔兰的公民们仍然彼此相处得不太融洽。

英国——即大不列颠及北爱尔兰联合王国——这个国家的想法是花了很长时间才发展起来的。事实上，激励它的是帝国项目。大英帝国给了他们作为英国人共同行动的目的，而对抗法国人的战斗将他们中的一些人团结在一起。但即使如此，苏格兰人和爱尔兰人在与法国的对抗中也从没有完全落在英格兰人后面。所以英格兰人在某种程度上是深谙妥协与均衡之义的典范民族。在这方面，他们的政治文化与法国的政治文化相反。法国人喜欢清晰、一致性和明确的定义。英国人则认为，懂得妥协、能把各种东西调和在一起、让每个人或多或少都能各得其所的东西才是好的。因此，英国的民族性并不像法国那样铁板一块。民族国家的想法在英国还是有点模糊。联合王国中有英格兰人、苏格兰人以及爱尔兰人——其中苏格兰人脱离英国的可能性依然存在，而爱尔兰人也从未对英格兰人心悦诚服过。

英国对待爱尔兰人可能比他们对任何其他殖民对象都要糟糕。这就是为什么爱尔兰人对英格兰人的怨恨之强烈，可能再无旁人能与之相比。想想他们在几个世纪里受到的虐待吧！想想奥利弗·克伦威尔（Oliver Cromwell）和伊丽莎白一世，他们真正对爱尔兰人下过重手——征服了他们，
111 把他们视为劣等人；拿他们取乐，不把他们放在眼里。虽然这背后也有宗教影响，因为圣公会与天主教会分道扬镳了。但他们实际上只是驱使爱尔兰人变得更趋向天主教。

黄：谈到英荷关系，我记得纽约原来名叫新阿姆斯特丹（New Amsterdam）。改名字的意味是什么？

王：荷兰人没有在那里待很久。故事是这样的：17 世纪，英国人在东南亚与荷兰人打起来了，在摩鹿加群岛（Moluccas）、香料群岛开战。当时英国人控制着香料群岛中的一个，而荷兰人控制了其余的那些岛。这时，荷兰人为他们没能完全垄断香料贸易而感到不快，而英国人与他们分开进货。所以他们多次冲突。为此甚至在安汶岛（Ambon）发生过大屠杀（1623）。哦，只有英国人称之为大屠杀，而荷兰则拒绝承认。

最终发生的事情是，在某一场战争结束时，他们达成了一项协议。他们要做一项交易。英国人想放弃香料岛以换取新阿姆斯特丹。荷兰人答应了，他们接受了这笔交易！荷兰人就是这样达到了对香料群岛的全面垄断，并为此感到欢欣鼓舞。他们相当短视，但这样能赚钱啊——觉得有

利可捞。[8]英国人在获得新阿姆斯特丹时，就在 1626 年给它改名为纽约。

黄：所以荷兰和英国人在 1824 年用马六甲交换苏门答腊的明古连（Bencoolen）是有先例的。

王：是的。英荷关系是明争暗斗的一个古老而又苦涩的故事，直到他们后来成为抗击法国的盟友。17 世纪初，他们之间为争夺海上霸权而开战。荷兰海军那时有荷属东 112
印度公司助威，实力比英国强。但他们将会被削弱。

基本上来说，荷兰太小了，他们的资源在海陆之间撕扯着。他们还得提防着德国人和比利时人，以及仍对他们的独立耿耿于怀的西班牙人。而英国人稳居岛上，就可以建立海军力量。他们可以不必理会大陆。这是他们的巨大优势，一个他们享有了很长时间的优势，甚至直到今天仍在享有。他们对成为大陆的一部分从不乐意也从不感到安全。

黄：他们这种不安全感肯定因爱尔兰人的不肯屈从而火上浇油。

王：爱尔兰人投向欧洲，转向法国，诉诸他们的天主教弟兄，令英国人感到极为不快。爱尔兰人通过结交外国盟友而对他们构成威胁，而英国人原本乐见所有不列颠群岛都在统一管理之下。他们甚至让苏格兰国王做上了英格兰的国王，大英的国王，这当然有助于苏格兰人接受合并。

在伊丽沙白一世（1533—1603）之后，接管的斯图亚特家族是苏格兰人，从而带来了苏格兰和英格兰的合并。所以英国从来不是一个民族国家，只是两个民族在一国之下的婚姻。到目前为止，仍有苏格兰人觉得是这样一回事。如果你坚持说是一个民族，那他们会感到非常不自在。

不要称呼一个苏格兰人为英国人（English），这会让他很不快的。他承认自己是不列颠人（British），但不是英国
113 人。如你所知，在世界杯足球赛中，不列颠群岛分别有四支球队——这样绝对不会赢啊。好吧，只有一次，英格兰队在1966年赢过一次。

黄：实质上，是否法兰西共和国与其说是民族国家，不如说“国家民族”（state nation）呢？

王：并不是那么一清二楚的。东南亚的前殖民地更像国家民族，因为在那儿我们是先有国而不是先有民族。所以国家便成为一个工具，一个民族建构的载体。这就是为什么我们谈民族建构。对于欧洲国家来说，这个词就有点无从谈起了。（对于他们来说）民族无需建构，因为根据定义，你要么是、要么不是这个民族的。通过《威斯特伐利亚条约》及其后续文本，各民族决定了国家。我们这些身处其他地方的人们想要复制，就不得不倒转一些事情。所以我们有了国家，然后我们试图创造一个民族。

所有获得独立的国家都面临着同样的问题。你只是从荷兰人、法国人和英国人那里承接了领土，你试图打造一

个民族。印度也是这样的情况，而印度的制度有点像中国的“天下”。莫卧儿人统治了一个由自治的印度统治者组成的帝国，这些自治的统治者不得不应对帝国体制。多民族共存于一个帝国其实不是问题，你只需要忠于皇帝。现在英国在“印度叛乱”（Indian Mutiny）后继承了这个制度，并接管了莫卧儿皇帝的角色。

与此同时，反殖民主义者认为，民族国家是可资采用和发展的样板：“为什么我们不能像你们欧洲人一样拥有一个民族国家？民族国家是一个强大的机制，你们法、英、荷、德等国统治世界这一事实已证明这一点。”

诚然，当各民族成为民族国家时，他们确实变得更加 114
强大了。正是这一点启发了德国人形成了一个民族国家。他们厌倦于被强大的法国推来搡去。意大利人做了同样的事情。此外他们还组成许多城邦和地区，如皮埃蒙特（Piedmont）、威尼斯和米兰。他们再次对法国展现的实力作出了回应。在这个意义上，拿破仑时期的法国是一个富有创造性和破坏性的神奇力量。它摧毁了封建制度，创造了民族国家，并很快就证明，这是实现团结一致、凝聚力量和达致富强、繁荣和权力的强大武器。

黄：这涉及旧体制所没有的排除机制。

王：是的，当然。这就是公民参与。对“谁是法国人”的判断，可能是真正切题的第一个尝试。法国人需要通过定义自己来与西班牙人、德国人、意大利人、英国人和荷兰人分开。这是一个非常成功的过程，尽管他们至今仍在为谁是、谁不是法国人而争论不休。但是，正是他们才使得这个过程如此重要，使得世界各地都受到它的影响。所以，当我们在亚洲反殖民主义的时候，除了民族国家，我们还能拿什么来取代殖民地呢？

其实，我们所做的是接受殖民地国家，用它来创建一个新的民族。这就是我们仍然陷入的一场挣扎。

黄：是的。我发现您探讨该地区党派类型的文章很有趣。[9]

115 王：我们正在以不同的方式努力，进行民族建构，并把党派作为民族国家框架内的必要工具之一。我并非要以任何方式对此进行评判；只是说这是事情的缘起。这一切都是非常不自然地发生在我们身上的。我们毕竟是在试图用引进的制度做事，而我们并不完全知道该如何最好地利用它们。对于人民来说，并无所谓强烈的归属感或所有权。所以你可以很容易地改换党派。你换一件外套穿上，然后转到另一边去。但这不是党国的规范。事实上其规范是相反的。

黄：党派不是首先以行会为基础的吗？

王：是的，但也关乎特别的忠诚。当然，一开始有一个阶级基础。但随后，各家族变得效忠于党，无论是工党还是保守党。归属于一个党本身就是一种效忠的行为。对于亚洲人来说，效忠就是始终不渝，例如日本对他们天皇的效忠。他们随时准备为天皇献身。其理念就是一个国家是不可分割的，那么在一个国家里面怎么会有各部分在其中呢？一个党就是一部分，而一部分会与另一部分相互竞争。

在西方，党派是英国民主发展的过程中得以完善的一种设备。该设备设定了公民参与的最有效方式是分享；而分享的最好方法，就是通过辩论和争论来得出最佳的解决方案。公开辩论最终发展出一个主张，即谁在辩论中胜出谁就应该有机会实施其想法。如果他辩论失败了，他就出局，其他人就会有机会。但失败者仍然可以活着，没有人 116
会送命。这就告别了“玫瑰战争”（Wars of the Roses）的血腥传统。[10]

那真是个好主意。在都铎王朝[11]之后，英国人试图实行中央集权，并建立一个民主制度。他们毫无疑问是打了一场内战（1642—1651），但他们一直在谋求防范军事瓦解之道，寻求民事解决之策。所以宪法妥协（constitutional compromises）成了他们一个很好的解决问题的方案。我对英国学界印象深刻的一点是，他们旨在表明，宪法的思想以及约翰·洛克（John Locke，1632-1704）等的政治思想是法律专业和法律思想的发展所致。这些都是联系在一起的——律师和宪法。当然，人们也可以追溯到限制国王权力的《大宪章》（Magna Carta），但那是封建产物。新的方式是法治和宪法规定下的公民参与，那真是太棒了。

宪政主义（Constitutionalism）基本上是一个英国的发明，经完善而成为确保社会凝聚、防止分裂和战争的国家工具。每个人都不得不认同宪法。当有不同意见的时候，各造各执一词，然后共同磋商解决方法。在这个磋商的过程中，涌现出了各党派——辉格党和托利党。最终，他们得以巩固，并获得了阶级认同，逐渐有了地盘，渐渐地有了工党和保守党。所有这一切的演变历经了数百年。

英国人并没有书面的宪法，而是把以前的所有答案都汇集起来，逐渐建立起是非观。他们的正义感因不断的测试而增长，在法庭上进行辩论，从不诉诸武器，而寻求以和平方式解决每一个问题。培养参与型民众是一种非常文明的方式，他们的分歧意见可以得到共同沟通。无论谁赢
117 得了辩论，都有机会落实他的想法。如果他败下阵来，那么其他人取而代之，并证明自己作为替代者是正确的。由于这个过程是渐进的，因此基础非常坚实。这一切是基于长期不断的辩论和基于规则的协商，以及裁决的通过。因此而出现的是共同的政治文化，其间的每个人都可以对政策抱有分歧，但对体制保持相同的价值观。他们可能不同意某个具体的辩论，但他们会在每一步的步骤上一起往前推进。这个机制真是复杂而精致，但它不易复制。

所以，真正的民主是从数百年的激辩中产生的。党派是对多元群体的澄清，这些群体随着时间的推移代表着不

同的抱负。但他们在政治文化上是团结一致的，他们在如何寻求解决方案上是一致的。这非常不同于单一结构、一人统治的传统，后者是一种赢家通吃的传统，胜利者确保被击败的人永世不得翻身。中国的旧体制就是这样。没有“国王驾崩、国王万岁”这一说，不会一切照旧地继续着，而是胜者完全置败者于死地。

君主制（monarchy）有很多种类，但其他君主制国家都没有发展出政党。在东南亚，共同的政治文化是非常模糊的，大多数制度分享着某种印度的政治文化，毫无疑问是从印度佛教传统中继承下来的，但他们实施的方式并不是印度式的。他们或许有一种一望即知是东南亚式的行事方法，但彼此还是千差万别。例如，爪哇人的风格就与马来人的风格有很大差异。马来人是沿海的人，敏捷而流动，没有真正的中心，而爪哇人——还有高棉人——则是以务农为本的。所以，地理以及随之而来的经济体系发挥了重
要作用。印度佛教传统中被强调的部分产生出各种不同的 118
形态。占婆人是非常印度式的，高棉人则更多的是佛教徒，而爪哇人变得非常具有印度教色彩——佛教元素在他们那里没有持续很长时间。对此你在巴利岛上仍可见一斑。马来人的地区没有农业国。他们完全依赖于流动性，靠捕鱼和贸易等海上活动为生。他们建立了港口，从来没打算深入内陆，因为这是他们保持巨大灵活性和流动性的方式。当遇到麻烦的时候，他们可以远走高飞，另觅栖身之处。

如果马六甲陷落了，他们就去柔佛。在室利佛逝，当遭遇爪哇人的袭击时，他们就迁移到别的地方去。所以这使他们具有了非常鲜明的政治文化，与东南亚大陆非常不同的文化。

大陆文化最终不仅受到印度人的影响，也受到中国人的影响——我认为最近的研究成果是支持这一点的。越南绝对受到中国人的强烈影响，甚至连泰国人和缅甸人也来自与蒙古人和中国人打交道的地区。他们是游牧的，但是随着时间的推移，他们继承了一种大陆的权力系统，并将之带着一路南下，在南方打垮了高棉和孟人，进入了湄南河和伊洛瓦底江（Irrawaddy）峡谷。他们带来了不同的制度，虽然他们有佛教思想，但这些思想被纳入了他们的欧亚权力结构，这与在海洋社会中发现的权力结构自然是截然不同的。

从四川顺流而下的西藏、蒙古和突厥人所带来的影响，与那些穿越广东和广西进入越南的越人的影响大不相同。但所有这些人毕竟都是大陆和欧亚属性的。泰国人在到达曼谷并南下半岛后，学到了一些海上生存方式，而越南人
119 也是一样。但最后呢，他们都没有真正发展出过多的海洋心态。缅甸人也没有。英国人来了的时候，他们几乎还没有抵达海岸。

马来人与海洋文化

黄：因此，该地区的海洋政治文化是马来人独有的。

王：是的。印度人没有，印度人主要受欧亚大陆模式的影响，其国王的理念又非常强大，而国王是一个由贵族簇拥的天子，挥舞着帝国的权柄。所以对于他们来说，在东南亚建立一个帝国并不是一件直截了当的事情。奥利佛·沃尔特斯（Oliver Wolters）的曼陀罗理论（Mandala Theory）就试图揭示印度佛教传统在东南亚的衍生观念。[12]但是，我不知道这是否是本地人的观念——而且这里的人是海员呢。整个南岛语族南下迁徙到这些岛上，随之建立的政治思想框架就是以不变应万变，本质上从未转变为农耕力量。但爪哇人除外。爪哇人在这个意义上是非常有趣的，有时很难将他们纳入框架。他们似乎从印度佛教传统中取得了某一个部分，并把它放大成为以农业为基础的国家制度。苏门答腊北部的亚齐人（Acehnese）没有这么做，苏门答腊南部的米南卡保人（Minangkabaus）也没有这么做。他们本可以这么做，但不管出于什么原因，他们决定维持在沿海和海上。所以，爪哇发生的情况为什么会有所不同，我们其实并不清楚。他们确实创造了一种不同的国家，爪哇人在印度尼西亚人之中是个非常独特的群体，并且是最强大的群体。

坦白说，如果今天没有民族国家的话，你是生存不下去的。第二次世界大战使整个民族国家体系在全球范围内
120 扩展，并通过联合国得以巩固。早前的国联（League of Nations）作为殖民国家的一个集团并无多大作用。现在，要成为联合国的一员，你必须成为一个民族国家。所以，要想有这种资格，你必须以某种方式让自己看起来像一个民族国家。

例如，当新加坡被踢出马来西亚时，它非做不可的第一件事就是得到联合国的承认。只有这样，它作为一个国家的合法性才得以确认。

黄：是的，如今民族国家都平起平坐，除了安理会的成员国。

王：当然，那是战胜国的公式。那些大国不会同意与卢森堡这样的小国平起平坐的。这就是他们不带德国和日本玩的原因。德日两国过去是、现在也是强大的国家，但他们是战败国。中国就很幸运，因为美国人不顾英、法的反对，坚持让中国成为安理会成员。如果换作今天，他们可能要坚持让日本成为一个成员国。那个时候，蒋介石是美国的忠实盟友，所以让中国跻身安理会是出于战略考虑。中国军队并非战胜国中的主力军，只不过在对日作战中其军力规模庞大。法国人进入安理会是因为英国人坚持要求如此，而美国人也有此想。否则，他们有什么资格？戴高乐在二战中一直坐守伦敦。

所以，联合国所反映的其实是19世纪和20世纪上半叶英法阵营对世界的划分。

黄：联合国下一步的演进将会涉及安理会。

王：现在有不少有关全球治理的书籍，而且这方面的 121
著述还会愈来愈多。我刚刚读了最新的一本，作者是我们的朋友、新加坡外交官和学者马凯硕（Kishore Mahbubani）。[13] 新加坡在担任安理会非常任理事国的时候他正在联合国，所以他对安理会的实际工作真的有直接的了解——它的意味以及别人所感受到的不公正是什么样的。而且他不是唯一一个对此有直接了解的人。这件事人们已经议论了很长一段时间了。其他大国也一直想成为安理会常任理事国——印度、日本、巴西和南非。但是一旦你让这么多国家成为常任理事国，那么事情就会变得毫无意义。要是这许多国家永远无法达成一致怎么办？

黄：由于地理原因，东南亚曾经乏人问津，正如您所说。但现在几个大国对它正变得饶有兴趣起来，使该地区的处境具有了挑战性。

王：呃，我们那时乏人问津，是因为我们不是欧亚大陆的一部分。世界历史真的源自欧亚大陆，包括地中海和北非。那里是所有历史的缘起。世界其他地方或多或少乏人问津。只是从15、16世纪开始，全球史研究才开始覆盖全球。即使如此，直到19世纪和20世纪，事情都没有眉目。民族国家的全球史确实是很新的。

从民族国家到民族帝国，周而复始

黄：现在，当我细想您谈及的荷兰人的情况，发现民
122 族国家以那种奇妙的方式发展成为一种防御机制。究竟在多大程度上，我们可以将过去五百年来的历史看作帝国元素与民族国家元素之间的斗争？

王：一个民族国家可以两者兼有，攻防兼备。有民族国家做后盾，你可以打造出一个帝国。你看，帝国全都成了民族帝国。对此我已有过论述。[14]

历史上有传统的封建帝国，罗马帝国就是一个很好的例子。它千变万化，但根本上，封建帝国是基于君主制及其连带的所有神圣不可侵犯的制度。在不同的地方，它们的演化有所不同，但是根本思想是有一个君主。

然后有了现代的东西，像东印度公司创造的商业帝国。你甚至可以从葡萄牙及西班牙的帝国开始说起，但我认为他们的帝国是模棱两可的，实际上是皇室对商业的介入。但东印度公司是在国家之外的，它是商业性的，并没有打算建立一个帝国。出于对成功及商业垄断的渴望，类似于荷兰人和葡萄牙人那种，他们创造了一种商业化的帝国制度。现在，正基于此，帝国的许多早期学者们说，我们从封建帝国转向了本质上是资本主义的工业主义。所以在列

宁的思想中，帝国主义是作为资本主义的延伸；是资本主义把封建帝国变成了资本主义帝国，这种转变是以工业革命所带来的经济实力为基础的。[15]

这个说法是正确的。我不否认资本主义是一个主要因素。约翰·霍布森（John A. Hobson）是第一个解释这个问题的人，列宁拿来运用并发展了它。[16] 我要补充说明一点， 123
在此过程中，这些帝国也就成为民族帝国了，因为在 1648 年签署《威斯特伐利亚条约》之后，在民族国家成了既成的样子之后，每一个帝国都依据民族国家的特点来运作它。最好的例子又是法国，其次是英国。特别在北美的十三个殖民地脱离帝国的统治之后，大英帝国越来越以英国人为基础——都是由英国人领导的。无论是不是有意为之，经营帝国的都是英国人。法国也是这样，虽然法国人试图对此含糊其辞，称一个人是可以变成法国人的。英国人甚至连这种面子功夫也免了。其他任何人都很难有立锥之地，20 世纪可能只有凤毛麟角的几个印度人成功跻身其间。

所以，这不仅仅是在资本主义和工业革命激发下的演进。帝国成为民族帝国，这就解释了为什么殖民地在当今时代变成为民族国家。殖民地对民族帝国的反抗就是要建立自己的民族国家，将自己与英国人和法国人区分开来，并将此作为自身独立和自主权的一种确认。为了与之平起平坐，我们将自己再造为一个民族国家。

如果不这样补充说明一下，就较难解释为什么所有的殖民地区都会成为民族国家。这是他们对民族帝国而不是封建帝国所做的回应。封建帝国已不复存在。

正是爱尔兰人对大英帝国的响应，激发了印度人及其他民族。你知道，爱尔兰人这个例子正是一个民族对一个民族帝国进行响应的早期案例。民族帝国没有将他们包括进去，他们必须有自己的民族国家。所以反殖民主义和反帝国主义开始认同民族主义。而这只有在反抗民族帝国时
124 才解释得通。这就是为什么我说列宁和霍布森没有充分强调民族帝国的概念。我要说，为了准确地、更好地了解第二次世界大战后的情况，你必须认识到这场战争是针对民族帝国的。正是民族帝国决定了我们建构民族国家的方式。事实上，联合国这个现象就是这一点的全部体现。在此之前，我们拥有由民族帝国决定的国联，他们口口声声叫作国家的联盟，但实际上他们是民族帝国。

黄：如此说来，或许把国联称为民族帝国联盟（League of National Empires）更准确些。

王：今天我们有了新国家的全球体系。你不能仅仅通过参照资本主义和工业革命来解释其形成。要想解释清楚就必须认识到，直至国联时期，直至全球去殖民地化和民族建构时期，帝国的打造及战事的爆发都源于早期的民族国家已经变成了帝国这一事实。而这正是我们所奋起反抗的。我们想创造的世界，是民族国家不致发展成帝国的世界。这就是为什么我们有了联合国。每个国家都有自己的

主权，主权是神圣的，应该确保未来不再有帝国。但随之，事情开始改头换面。我们不再称之为帝国，但事实依然是有些国家比别国大，而大家伙和小不点儿的表现是不一样的。

黄：所以说美国在太平洋可以随便抛头露面，但中国一出现就要一惊一乍了。

王：这事见仁见智。有些人会争辩说，中国仍是个帝 125
国，不是一个民族国家，而美国是，正如英国和法国那样。如今，大英帝国已经告终，英国人已经变回一个民族国家。法国人也回到了民族国家。只有中国人不为所动，还是个帝国。

他们是这样论证的：中国人继承了大清帝国，然后照旧继续下去，就好像大清帝国是他们的民族国家一样。大清帝国仍然是他们的国家基础，他们不允许领土上出现自然的去殖民化和反帝国主义，这不同于其他帝国所发生的情形。

而中国是这样反驳的：不，我们实际上被满族征服，然后我们继承了这个帝国，就像印度尼西亚继承荷兰帝国、印度继承英帝国的拉吉（Raj）那样。我们没有什么不同。我们是建基于后帝国（post-imperial）条件下的国家。

所以你看，这话怎么说都对，而中国的立场实际上是相当合理的。所以这取决于你想强调什么，取决于你想描述什么。如果你把共和国之前的中国描绘为中华帝国，那么现在的中国就必须削减成几个民族国家，这是一方的论点。而另一方则声称，他们是在后帝国条件下建立的国家，就像印度和印度尼西亚那样。在亚洲的语境里，这么说也是有道理的。

我认为这就是眼下围绕中国展开的基本争论。“藏独”的想法来自一方的论点，而中国人则说，他们继承了这些边疆，他们的使命——他们的神圣使命——就是捍卫他们所继承的主权，在领土内建立一个包括了所有民族的国家，就像印度尼西亚和印度那样。那有什么不同吗？很难协调这两种论点。

126 黄：如今，当我们界定新的民族国家时，有没有附加的因素？我是将民主设想为有助于界定真正的民族国家的一个成分，因为如果没有民主，你就会倾向于压制少数民族。

王：有此一说。是这样，民族建构论（nation-building）的辩解就是他们最终会到位，但这需要时间。这一论点适用于马来西亚、印度尼西亚、中国和印度。发展需要时间，过程中会有很多痛苦、很多干扰、很多人感到被剥夺了权利，等等。一个辩解性的说法是，你必须给我们时间，我们必须用自己的方法来理顺。你们从外部、用外部的标准进行的干扰愈多，我们现在就愈难以达成和平解决方案。

那些持相反论点的人则说，你们一开始就错了。你们应该分成不同的国家。

争论到这儿就会破裂。如果你说所有国家首先都是国家，它们在努力进行民族建构，那你为什么不允许中国人这样做呢？你允许别人这样做的啊。例如，孟加拉国人和泰米尔人感觉自己与北方邦（Uttar Pradesh）的印度教徒不是一回事，印度人做出了极大的去中心化的努力，中国人也一样。这两个国家都不是联邦制。中央权力明摆在那里，有存留权力（reserve power）。在中国，中央可能看起来要更强大得多，但它所具有的还是存留权力，因为所有那些身为党委书记的省级领导实际上都具有极大的自治权。他们的自治权与泰米尔纳德邦（Tamil Nadu）或卡拉拉邦（Kerala）的自治权并没有太大的区别。只不过他们不是民选的。

所以你的民主论点这时出现了，这涉及省领导的合法性。但省领导毕竟是中央任命的，还是可以被罢免的。实 127
际上，印度也有干预机制，如果出了问题，首席部长是可以撤换的。这在宪制上是可能的，因此差异可能只是程度不同而已。

黄：考虑到许多年轻的民主国家，比如像菲律宾这样的经济体，实际上并不是运作得很好，因此“需要足够的时间”这种论点还是蛮强大的。

王：是的，这是另一个复杂的论点，因为“民主实际上有助于经济发展”这一想法在亚洲被证明是错的。在亚洲，事情似乎刚好相反。日本是在明治时期而不是民主时期发展起来的，战后日本如此成功是因为已经有了基础。

而韩国和中国台湾都曾处于这样或那样的独裁统治之下。但像菲律宾这样非常民主的国家却面临很大的困难。他们慢慢走到民主这一步，但其经济发展却是以非常高昂的代价和痛苦的方式取得的。他们的民主最终任由太多的私利干涉了发展进程。特别是当眼下跨国宗教涌入之际，如果国家没有强大到足以抵挡这些，那么经济就会不断地被反民族建构的力量分割开来。

那么，当务之急是什么？是建构一个能同时在经济上取得发展的民族？是不顾民族建构只顾经济发展？还是以牺牲经济发展为代价来建构民族？所有这些都是必须做出选择的。

128 民族国家不仅是针对帝国的一种防御。现在各国之间都在相互防御。现在帝国已逝，只剩下美国还有能力进行干预。

因此，宣示绝对的国家主权，是确保自己至少可以不被打扰地进行民族发展的一种方式。民族建构任重道远，打扰和干涉只会使事情变得更加困难。然而，全球化正在同时发生，现在每个民族都受到非常强大的国际压力。这与 17、18 世纪时欧洲各国进行民族建构时的情况不同，那时每个国家都有能力也有时间这么做。如今呢，时间不够用，因为在你致力于民族建构的时候，你的经济必须进行全球性的运作。你必须在自由、民主、人权、少数民族权利、公正等思想方面承受外部压力。所以你必须在这个框架内做民族建构。一些国家可以，但另一些国家发现这么做很困难，觉得这些理念实际上会导致不团结，阻碍国家发展。

这些紧张局势现在非常厉害，每个国家都必须面对。除了像日本人和韩国人那样已经紧密团结起来的国家，因为他们几乎从一开始就是单一民族，进行民族建构的基础要强大得多。

黄：他们更适合那种理念。

王：他们是一种更自然的契合。日本是一个岛屿，所以你可以理解。

黄：嗯，中国离那种理念也不算太远吧。

王：如果你就是指原十八省，[17]那你可以这么说。但继 129
承清朝的边境令国家的规模翻倍了。新的地区可与那十八个省不同：往东北去，延伸到满洲的地盘，现在汉人也在那里；在蒙古，汉人现在占多数；甘肃和青海也已经以汉人居多。所以现在除了西藏和新疆，其他地方都是汉人为大多数。广西也是汉族人更多，云南也是如此，即使把当地的二十五个少数民族人口加起来，也还是没有汉族人多。所以他们搞的是不同的一套。但这需要时间。

中印两国对比

黄：在比较中印两国惊人的经济增长时，一些分析人士认为，中国通过斗争，铲除、改变了很多阻碍现代化的旧习俗——例如改变了妇女的角色——相当于为后来现代化的发展付出了代价。而印度则从未经历这样一场革命。那么在不远的将来，印度在发展为现代民族国家的道路上是否会遇到羁绊呢？

王：是有这样一种革命论。是的，我认为这不无道理，
但我不知道这一论点是否全面，因为在这一切的背后，同
样重要甚至可能更重要的是，中国人或多或少一直都是整
齐划一的整体。虽然他们曾被征服过，有过不同的族群，
130 但本质上中国一直是一个不断壮大的单一系统。而印度的
体系在政治上则恰恰相反：在表面的外国征服者之下，它
一直四分五裂为不同的群体，没有对社会经济结构产生太
大的影响。支撑在所有这一切背后的，是一个非常强有力
的宗教文化，它百折不回，对于印度人民来说意义深远。
而相对于中国人来说，宗教就起不到类似的作用。中国的
经济增长依赖于国家，且与国家（利益）是一致的。

印度的经济增长就从未过多依靠于中央。在种姓制度下，所有偏重贸易的人形成了一个阶层（caste）。无论高居于刹帝利（Kshatriyas）或婆罗门（Brahmins）的是谁，他们都埋头做自己的买卖。他们遍布全国，不依赖于国家的统一与否，只要国家放手不去管他们就行。基本上他们有个宽松的政府，并且我认为现在依然如此。事实上，即使政府有心大干一番也做不到。中央政府只能做些有限的事情，

没有对下级进行干预的传统。自治贸易群体及阶层在整个印度次大陆成功地运作着，这些群体及阶层的结构至今仍然存在。某种程度上说，他们才是持续给经济带来发展的群体。尽管印度的国家和宗教并不注重贸易，总是一门心思在来世上，但他们还是依照自己的商业文化来运作。

中国的经济增长一直依赖于中央政府，当中央政府不重点抓贸易、不善待商界的时候，经济就转向农业并停滞不前，资源没有得到适当的利用。国家不会放任商人太壮大，因为他们一旦富起来和强大起来，就可能染指官位。这样的画地为牢和限制实际上阻碍了经济发展。那种非常狭隘的框架被西方的渗透和革命所打破，导致了特定类型 131
的农业经济的彻底崩溃，以及共产党领导下的全面工业化的到来。工业化是由毛泽东发起的，以苏联为样板，邓小平继承了这个模式。毕竟，苏联的经济在 20 世纪二三十年代迅速增长。这也是为什么这么多西欧人成为共产党人，他们对苏联模式钦佩有加，直到 1945 年。直到 20 世纪五六十年代，当苏联开始与美国较量时，这种对苏联的同情才开始消退。

黄：他们是最先把人送上太空的人。

王：是的，他们太出色了。所以毛泽东以苏联的工业化为样板是有根据的。但最终他发现这一套对中国不大奏效，因为中国的农民适应不了苏式搞法。大跃进是试图加快整体发展的一种方式，毛泽东变得非常迫不及待，全党都满腔热情要大干快上。当然，其结果是灾难性的，完全适得其反。在文化大革命中，他又搞起了另外一套，其初衷同样是想要确保党在推动经济发展方面发挥能动作用。但他采取了非常极端的措施。整体而言，对革命的领导是从自上而下的，中央权力在经济发展上起决定性作用。

这与印度的情况相反。即使是英国人也不曾试图控制印度的本土经济。他们继承了莫卧儿体制，基本上不闻不问。只由少数几个英国人起用当地人在各省运作。只有在加尔各答、马德拉斯和孟买，他们才试图亲自处理事务。
132 在这些地方以外，各项事务就由古吉拉特人（Gujaratis）、泰米尔人、孟加拉国人等其他人运作。英国人的公司分布各处，但英国人的人数很少。在德里，印度民政局（Indian Civil Service）的构成主要是印度人。连驻军也充斥着印度兵，包括穆斯林、印度教徒、锡克教徒和廓尔喀人（Gurkhas）。在外部，基础的文化结构保持稳固，经济发展遵循传统路线。

要是印度也有一场革命的话，事情会不同吗？可他们怎么会闹革命呢，我问问你？虽然共产党曾遍及南亚大陆的各个角落，但根本行不通。

黄：印度仍然是那个“好思辩的大陆”（Argumentative Continent）。[18]

王：是的，其整个文化传统不容易受到革命的感染。革命在中国之所以成功，只是因为它以中央为基础，就像

俄罗斯的情况一样。1917 年列宁掌权之后，他把沙皇体制
下的秘密警察部门原封不动保留了下来。我记得自己当时
对此事感到非常震惊。列宁之所以保留秘密警察制度，是
因为他意识到这对于他控制国家的能力是多么必要。所以，
在他精简各个官僚机构的同时，秘密警察机构却基本上原
封不动地保留了下来。他确实安插了一些自己人，但保留
了这一监控的机制。这不是偶然的。从许多方面来说，中
国也做了同样的事情，即当共产党人接手时，他们保留了
很多国民党官员，同时剔除了那些明显有敌意或不愿意加
入的人。共产党保留了原有体制并逐渐调试。但毛泽东对
这种行事方式感到不满，因为这无助于他们进入下一个革
命阶段。这就是为什么有“大跃进”。换句话说，早期的
革命不够彻底，旧的体制必须打破和取而代之。所以毛泽 133
东动用国家权力，自上而下发动了一场运动。

而整个印度历史上不存在能放任这种自上而下的革命性变革的土壤。印度的不同地区几乎是相互独立运作的，由于有这种松散的结构，那里的人民因此可以有大量的自由和自主性。从这一点上我们可以看出，为什么奥利佛·沃尔特斯试图将曼陀罗图象运用于东南亚这个没有中央集权的地区。在印度，曼陀罗系统（Mandala system）已经一目了然。那里也从未有一个中央权力。

中国人则处处与之相反。所以在这方面，当我们回到最初关于欧亚大陆的讨论时，就面对各种各样的政治结构。

在西欧的案例中是古希腊城邦的思想，是没有被罗马帝国彻底消灭掉的一种思想。在罗马帝国陷落之后，城邦作为一种政治结构一直持续到民族国家的诞生。民族国家是城邦与帝国之间的一种存在。这是一个妥协，很快就由此产生了民族帝国。即使在今天，城市也有巨大的权力。

黄：如此说来，拓展到周边农村的城邦是民族国家的开始。

王：是的，你说得对。但在亚洲这边，没有人打造过一个民族国家。总是有一个以农耕人口为臣民的帝国，在它们彼此之间，即今天可以称之为公民社会的空间里，其实没有什么东西。印度的情况是，种姓和宗教制度决定了上层和底层之间的各种角色。中国的情况则是核心空间由家族（family）占据，而家族不属于公民社会概念的一部
134 分。家族事关血统，这是一个血缘概念。类似地，种姓制度也是血统制度。它是非常严格和刻板的，和家族制度一样。你不属于我的家族，除非你通婚。否则，我的宗族（clan）与你的宗族之间总是在较劲。

黄：可否以丝绸之路、商贸路线或政治来对东南亚进行历史性描述？港口本身还不够。相反，港口在较大的语境里是相当外围性的，它们能幸存下来，是因为它们是帝国之间所进行的贸易活动的一部分。

王：这是一个非常有趣的描述方式。从大陆一方来看，

这一点很明显。从海洋一方来看，我们正面对一个新的视角，它将丝绸之路的形象转移到海上。北方的丝绸之路基本上依然是欧亚的权力系统，大国位于两端，有个中间地带。所以总是中间的部分表达了两端之间的关系。

我不会说东南亚的海洋体系就像丝绸之路。我们认为，丝绸之路是以罗马帝国和汉帝国为两端而遥遥相望的，在它们中间是伊朗帝国、阿拉伯乃至莫卧儿帝国。所有这些中间地带都是乏人问津的地区，因为那里到处是沙漠，间或点缀以作为基地的绿洲。而它们又不似那些农业国。我们可以将这种模式应用于东南亚的海域，因为两者之间有足够多的相似之处。只不过一个是欧亚中心，另一个是在边缘，在人们眼中并没那么重要。在政治权力甚至财富生成方面，东南亚并不重要。根本的经济实力来自于支持政治制度、军队、驻军等的农业盈余。

黄：今天，东盟集团将一些国家组织在一起，所有这 135
些国家都知道，单凭它们自己是多么势单力薄。要保持团结一致，提高公信力，就要肩并肩手挽手，共同决策。

王：东盟是印度与中国之间的副产品。从一开始，去殖民化就是在大国的阴影下开始的，并且受到这些国家对它们自己未来的规划的影响。尽管并未宣之于口，但英国人的根本想法——从这方面说，我们仍然是这一想法的产物——是整个地区迟早将被夹在印度和中国之间。所以你会怎么做？如果你巴尔干化了，你将永远受制于这个国家或那个国家。英国人灌输说，他们可以帮助我们（这个地区），并且仍在这么灌输。美国人也加入进来，所以英、美基本上提供了一个保证，即如果我们欢迎他们，他们会帮助我们对抗中印这两个国家。冷战当然加剧了整个地区的紧张感：一方成为共产主义，另一方是资本主义。

所以冷战时期发生的去殖民化才是完整的语境。其根本的想法是，夹在印度和中国中间的这些地方为西方提供了一个战略机会。美国总统奥巴马向亚洲地区“再平衡”（pivot to Asia）。印度如今不是威胁，所以他们聚焦在中国身上。这时就有个制衡的行动，就是澳大利亚的现身，无论乐见与否，澳大利亚代表着西方。他们就近在眼前！所以如果有澳大利亚的参与，那么西方就在这个地区。

黄：这么说，澳大利亚人就不仅仅是美国人的“治安副官”了？

136 王：他们实际上是整个设置不可分割的组成部分。南部有美国海军陆战队在澳大利亚的达尔文（Darwin）严阵以待，这并非偶然之举。这是整个进程的延伸，理由是东南亚需要保护。与此同时，对印度和中国惴惴不安的东南亚人觉得，他们唯一的机会在西方身上。如果只看经济的话，整个东南亚都不如中国或日本强大，甚至比不上韩国。印度在南亚仍然存在一些问题，孟加拉国和斯里兰卡令印度人有些难堪，但基本上东南亚与印度之间的差距仍然大得惊人。所以东南亚人觉得让西方从中发挥作用是言之成理的。这样他们在晚上能睡得安稳些。

这就是为什么会有东盟出面掌舵。这种语言是非常有趣的，因为这么说就等于为三足鼎立找理由——不仅有印度和中国，而且还有西方。东南亚的向心性是基于一个假设，即在处于中印夹缝中的情况下，三足鼎立是东南亚人可以感到安全的唯一途径。东南亚是从 1945 年以后的去殖民化进程中展开的。这里边有相当特别而又耐人寻味的连贯性，我会说，东南亚是英国想出来的——英国动脑、美国撑腰，澳大利亚作为伙伴关系的工具，共同保障东南亚的安全和稳定。

黄：英国在抽身而去上处理得不错，不是吗？

王：做得漂亮！看看英联邦。这是一个辉煌的发明。大多数人现在都对之嗤之以鼻，但我会持相反意见。英联
邦这个想法是非常强大的。它不依赖于权力，而是取决于 137
外交和谈判而达成的协议，以及分享有关未来战略走向方面的见解。如果你这样看，那么英联邦有一个与众不同的、尽管貌似很小的功能。它的存在是要为别的许多事情的发生提供背景。政治文化的共享感可以通过英联邦继续下去。它不提供任何明确的另类选择，但它本身是一种另类选择，无论是相对于印度还是中国来说。实际上这就是东南亚所需要的全部。

但英联邦还是外围性的，最终你确实还需要一个坚实的领土基础。这就是为什么东盟——东南亚十国——是向

前迈出的非凡一步。从最后一位成员加入进来算起，东盟的存在历时并不长。柬埔寨 1999 年加入，才不过 15 年（指采访时的 2014）。所以现在来论成败还为时过早。它才刚刚开始，刚成长为三足鼎立的现实，东南亚在中心。这想法很高明，东盟人民都知道这一点。其他玩家也心知肚明。

黄：这么说，东盟研究中的那种将东盟与欧盟进行模拟的普遍倾向是完全不得要领的。

王：欧盟是另一回事。我认为，欧盟对于东南亚来说只有一个重要意义，那就是我们可以看看，在不致惹来麻烦的情况下东盟能走多远。我们可以留意观察欧盟做什么，从他们的错误中汲取教训，如果有我们可资借鉴的想法，那我们可以拿过来用。但欧盟不会是东盟的样板，它们完全是两码事。东盟完全是战略性的。欧盟虽也有战略上的缘起，与北约和冷战相关，但那一切都已经结束了，现在是另一回事。其动力是不同的。

我使用地中海的概念做模拟，因为我认为，如果英美人和印度人能够将一个弧线从日本一直完整地划到印度，
138 并得以遏制中国，那他们肯定更高兴。那样他们才会感到安全。这样一来，你就会把南海看作一个真正的地中海。将中国人拒于印度洋和西太平洋之外，是遏制政策的一部分。所以南中国海仍然是完成这幅画卷所需的最后一个地区。如果他们成功了，那么将会有一个从日本和韩国向南

延伸到爪哇和马来半岛的地中海式的环境，将两边完全划分开来，就像穆斯林和基督教世界被地中海分割开来一样。西方知道他们无法把中国融入他们的故事。中国太大了，太富强了，且其本身的历史太悠久了。这是他们必须接受的现实。

现在，在中国一方，有许多人接受了他们无力挑战美国这一现实。他们所需要的是确保能抵御住外部攻击和干预。这就是他们想要的全部。要做到这一点，他们必须和美国有很特殊的关系。

而在这两国之间，存在着很多代理人，谁知道他们之间会发生什么。这是一种必须调控的局面。这在某种程度上是双方之间长期对峙的体现。这条弧线的大小，以及谁将被包括进来或排除出去，这些要留待未来才能见分晓。

注释

1. Wang Gungwu, "The Nanhai Trade: A Study of the Early History of Chinese Trade in the South China Sea", *Journal of the Malayan Branch of the Royal Asiatic Society* 31, pt. 2 (1958): 3–135.
2. 编者按：《东西洋考》，明代张燮撰，成书于万历四十五年（1617）。
3. 1824 年签订于伦敦。
4. 参见 Wang Gungwu, "China and the Map of Nine Dotted Lines", *Straits Times*, 11 July 2012 。

5. 参见 Fei Xiaotong, *From the Soil: The Foundations of Chinese Society, A Translation of Fei Xiaotong's* Xiangtu Zhongguo (Berkeley: University of California Press, 1992)。

6. 例如 Charles Hirschman, "The Meaning and Measurement of Ethnicity in Malaysia: An Analysis of Census Classifications", *Journal of Asian Studies* 46, no. 3 (1987): 555-582。

7. 参见 Japp Jacobs, *The Colony of New Netherland: A DutchSettlement in Seventeenth-Century America* (Ithaca & London: Cornell University, 2009)。

8. Wang Gungwu, "Party and Nation in Southeast Asia", *Millennial Asia: An International Journal of Asian Studies* 1, no. 1 (2010): 41-57.

9. 1455 年至 1487 年期间，在统治英格兰的金雀花王朝（House of Plantagenets）内部，两个敌对集团兰卡斯特（Lancaster）和约克（York）之间发生过一系列战争。

10. 都铎王朝起源于威尔士，统治时期从 1485 年至 1603 年。

11. O. W. Wolters, *History, Culture, and Region in Southeast Asian Perspectives* (Ithaca, N. Y.: Southeast Asia Publications, Southeast Asia Program, Cornell University, 1999).

140 12. 参见 Kishore Mahbubani, *The Great Convergence: Asia, the West, and the Logic of One World* (New York: Public Affairs, Perseus Books Group, 2013)。

13. Wang Gungwu, "Keynote Address: Southeast Asia: Imperial Themes", *New Zealand Journal of Asian Studies*11, no. 1 (2009): 36-48.

14. 参见 Vladimir Lenin, *Imperialism, the Highest Stage ofCapitalism* (Petrograd: Zhizn'I znanie, 1917)。

15. John A. Hobson, *Imperialism: A Study* (Cosimo, 1902).

16. 编者按：内地十八省或汉地十八省，指清朝将原来明代的统治区域十五布政司重新划分为十八省份，不包括关外的满洲三将军辖区、西藏、新疆、青海、内外蒙古等地区。

17. 参见 Amartya Sen, *The Argumentative Indian: Writings on History, Culture and Identity* (New York: Picador, 2006)。

18. 有关麦克法夸尔在此课题上所持的观点，可参见 Verna Yu (余咏恩), "Reform Unlikely, Says China Expert Roderick MacFarquhar", *South China Morning Post*, 31 October 2012。另见 Susan L. Shirk, *China: Fragile Superpower* (New York: Oxford University Press, 2008)。

第四章

中国与西部边缘的交锋

适应全球秩序

黄：我们目前处于欧亚大陆地块的东部边缘与西部边 141
缘相遇的局面。从这一点上再来谈谈中国会很有意思。也许我们可以先从您之前的一篇文章开始谈起，文中您谈到，中国非常努力地去适应一个从前它无法参与打造的世界秩序。[1]

中国其实已历经了很长时间的这样一个进程，从鸦片战争开始，随之是帝制的覆灭，接着是国民党的兴起，后来是共产党的胜利。1978 年后，邓小平的改革终于给国家带来了显著的经济增长。上述这个过程历时 170 年。如今，中国具备了新的力量与影响力，那么，如何在全球一体化的层面上全方位地顺畅运作，对于中国来说这至关重要。现在人们对西方的信心下滑，这也在某种程度上给了中国空间，使他们实际上可以因势利导地扭转世界秩序。这就引出一个有待回答的问题：儒学，或说儒家思想，在多大程度上仍在发挥作用？

142 那天您告诉我说，您视自己为一个儒家，而且您从小也是这样被家庭培养的。和许多人一样，我认为儒家其实可以对现代生活作出相当巨大的贡献。但由于殖民主义和西方科技的兴起，任何非西方的知识都被推到一边，被当作根本误导的东西靠边站了。我希望听听您对此的看法。

此外，中国现在是世界第二大经济体，并且正朝着第一大经济体的目标迈进。但我们知道，其实美国的体制要稳定得多，尽管它可能有朝一日在某些统计数字方面屈居第二，它还是有很强的制度，在意识形态上有很强的凝聚力。在中国一方，事情则千头万绪。所以数字并不能说明一切，而且我不揣冒昧地认为，某些方面上说，这些数字是被用来煽动对中国的恐惧的。

王：你说得很对。我认为，很多围绕数字的争论可能是非常具有误导性的。我认为，中国经验的重点是，他们根本的世界观正得以复原，而他们的世界观恰恰源于其儒家传统。但围绕儒家传统却有很多误解。我这一代华人，以及我前一代的华人，对儒家是非常怀疑的，因为我们将儒家与中国的帝制联系在一起。这样联系当然也对，因为儒家的哲学家和学者接受了帝国规范，而且实际上是竭尽全力地维护它、兢兢业业地效力于它的。事实上，正是儒家的忠心才确保了帝制中国存在如此之久。漫漫多少世纪，若是没有儒家，帝国的治理是无法那么顺当的。

所以儒家的贡献是，他们为某种特定的帝制国家奠定了基础——这种国家并不是他们发明的，发明者是别人：武士、国君、法家及其他人。儒家并没有挑战它。在汉代，儒家为国家奠定基础。他们觉得帝制是既定条件，而且很有可能是强大而有效的，所以当时涌现出来的儒家认为，他们实际上可以完善帝制，使其成为一个厚德载道的国家。所以他们继续倾注了全部尽忠于事的热望，希望自己能促进社会的进步，使人们过上更公平的生活并且都有机会过上好日子。只不过，这时国家的结构与他们起初想象的不同，但他们接受了这一点。但结果是，儒家的共谋将帝国建设成了它后来成为的样子。一而再地，在对国家的本质及皇帝角色的理解上，儒家被迫做出让步；一步步地，这些让步实际上巩固成一套非常僵化的官僚体系，高度精英化，并使儒家文人受益匪浅。不过当然了，他们为此付出了代价。他们对皇帝忠贞不二，以此维护其精英和特权地位，并且认为自己的地位是理所应得的，因为他们为国家尽忠职守。

20 世纪的我们大多拒斥那种或许被称为“国教儒学”的儒家思想，即那种已成为帝国正统的观念。20 世纪的大多数中国思想家都视其为完全过时、完全失效、不再为中国人所需要的东西而摒弃之。他们转而去寻找别的东西。

在另辟蹊径的过程中，他们尝试过许多思想，但无一 144
在中国真正奏效。他们尝试过吸收了西方经验的国民党结构。其实，中共和国民党吸收的几乎全都是西方经验。人们说蒋介石是一位试图回归过去的儒家，姑妄听之吧，其实他吸收的是日本版的西方经验。蒋介石在日本求学，在他的诸多修辞背后，有一个中央集权的结构，是日本人已经完善了的。那时日本也没有民主。此外，蒋经过军事训练而具有的军国主义思想，导致他推崇德国人。所以日本样板中的民族主义/军国主义的那部分，也就是许多中国人眼中日本成功的秘诀，是被蒋普遍接纳的。如果日本能以这样的方式取得成功，那么或许中国人也可以跟随。日本人吸收的某些西方思想方式——特别是在技术和军事技能方面——以及明治时期帝国主义对财富和权力的重视被证明是成功的。“富强”是一种中国人的思想，但日本人将之发展到了一个高度。中国第一代民族主义者们实际上接受了这一成功逻辑学。当然，共产党人也接受了。

一定程度上说，列宁的共产主义国家是建立在沙皇的制度结构上的，在相当程度上偏离了马克思的思想。马克思是非常西欧的一个知识分子，他试图预测欧洲在经历了数十年资本主义之后的未来，想评估赤裸裸的资本主义可能给社会犯下的所有可怕罪孽。他对放任的资本主义的后果描述得很对。他确实看到了周围正在发生的异化，所以他预见到工人会奋起反抗资本主义，这会最终导致理想共
145 产主义的产生。但众所周知，事情的发展并非如我们所料。西方找到了对策，他们找到了摆脱束缚的方法。资本主义做了调适，实际上是通过社会主义进行了很多方面的妥协。

事实上，这些措施防止了革命的发生。

革命只会发生在、并且确实发生在资本主义并不发达的国家。这是个事实。在没有真正的资本主义和无产阶级提供替代性结构的地方，革命运动是成功的。所以革命不得不建立在农耕结构崩溃的基础上，等这一崩溃出现的时候，就可以施行一些新的东西。我觉得最终吸引了中国人的是这个模式，有些中共知识分子确实大谈共产主义，他们中的一些人在斯大林时期的苏联生活、学习过，毛泽东自己也读了很多斯大林的著作。但我认为到最后，像毛泽东这样的人意识到，中国革命要成功就得利用农耕体系的优势，就得依靠农民起义的传统。他们并没有将国民党的弱点和失败归结为民族主义。民族主义是无可厚非的。国民党错在努力想成为半日本半西欧的样子。孙中山将各种庞杂的思想引进到中国来，然后蒋介石为支撑其政党而对这些思想重新加以建构。例如，蒋的军国主义比孙中山所设想的要强大得多。孙中山在革命军中已经一定程度上向军国主义转变了，但从未彻底转变过来。而受过军事训练的蒋介石觉得，除了用军事力量巩固政权，别无选择。

所以，国共两党当时都没有真正成功地适应他们所理解的西方经验。他们的经验是东拼西凑起来的，就像蒋介 146
石从日本和德国那里学到的军国主义一样。针对自由主义，他们的态度非常犹疑。表面上他们还有很多其他来自西方的东西——他们有很多资本主义的成分，但也将它调适成了民族资本主义。他们非常反对外来资本主义，但他们接受了资本主义！他们致力于建设中国式的资本主义，以此取代西方资本主义。他们的国家和资本主义之间有一种关系，而这种关系最终由于各种非常复杂的原因而失败了。

毫无疑问，发动战争时的日本人比中国人强大得多，如果你读一读蒋介石的日记和文稿，你会看到他的想法其实是非常传统的："不打不胜之仗。"这很符合《孙子兵法》之说。蒋介石一直说他不想打日本人，因为他知道他会输，他想先准备好。他认为自己会输，原因之一是他认为他不得不同时打共产党。他的这种表态使他看起来像是宁愿打共产党（中国人）也不愿打日本人似的。所以共产党人利用了这一点，在他们的宣传中非常巧妙地借此反对
147 国民党："你们宁杀中国人而不杀日本人吗？"蒋介石无言以对，因为在私下，他知道他是打不赢日本人的。但如果他能先摧毁共产党人，然后将中国人团结在他的领导下，他就有机会赢。那是蒋的逻辑。但是共产党人以其人之道还治其人之身。所以就有 1936 年 12 月的西安事变，蒋被挟持，被迫承认抗日事关国家利益，应该是当务之急。

这时的蒋介石别无选择，只能打日本人。而日本人的说法也很有意思，他们说："我们没有宣战。我们一直在告诉国民党，我们想和他们联合起来，帮他们剿共。我们是同一阵营。敌人是苏联，以及斯大林、共产国际领导的中国共产党。"需要顺带一提的是，蒋介石在国民党内的

对手汪精卫真的接受了这个说法，并且确实和日本人共事了。所以蒋介石就被卡在一个左右为难的位置。在中国人眼中，日本人是中国土地上的入侵者。怎么能将这些人视为盟友呢？所以在某种程度上，在地缘政治上，这是一个非输不可的局面。

西安事变后，日本人知道，现在是中共和国民党要一起对付他们了。他们所面对的问题是，他们会否被赶出他们所盘踞的中国东北部和山东省。在长城以北的河北地区，老百姓已经人心惶惶，担心日本要进一步入侵。战争已是山雨欲来。日本人口口声声说他们其实从未对中国宣战，中国人当然不以为然。1937 年 7 月 7 日的“卢沟桥事变”确实拉开了战争的大幕。

准确地说，西方模式在中国的失败不仅仅是因为它是 148
西方的，还因为它跟日本有瓜葛。当时日本代表着西方。中国人从来没有真正排斥西方。尽管他们有千万条理由这样做，但中国人从没有真的仇恨英国人或法国人。他们也从不仇美！尽管在各种事情上存在分歧，美国人实际上还是站在中国人一边的。中国人从来没有“反西方”这回事。他们所拒斥的是日本人。那场战争中的乱象是，日本式西方与美国式西方构成了两种对西方的选择，他们都是“西方”。

另一方面是俄国人。我并不认为大多数中国人弄明白了他们为什么要与苏联结盟。但此时西方跟日本联系在了一起，而且德国也属于西方，这真的让中国人感到困惑。这确实令“何谓西方”成了一个深刻的问题。你看，今天我们试图简单化这个问题，好让美国代表西方。所有伟大的发明、新观念、自由解放等都与美国相关。今天，我们将一些东西孤立起来代表西方。但这并不是20世纪二三十年代人们眼中的西方。那时候西方是与船坚炮利的外交相关的，是与权力相关的，是与军国主义相关的。西方现在有点否认自己与那些事情的关联，但法西斯主义是西方的一部分，就像共产主义一样。

黄：有很多个西方。

149 王：是的。有很多个西方。有时我们忘了，中国人并不排斥西方，他们是在对西方进行选择。西方的一面现在排斥其另一面，并辩称中国人不了解西方，称中国人所选择的并不是真正的西方。但我不认为这一论点是合理的。他们都是西方。对于中国人而言，他们只意味着各种选择罢了。即使在西方，人们也在做选择。看看西方的知识界和知识分子，他们何尝不曾为是否该同情纳粹主义和法西斯主义而辩论。今天我们想当然地认为那些都是“歪门邪道”，但这是因为现在已经不是20世纪二三十年代了。有很多英国知识分子都曾对德国人和纳粹主义非常同情，当时他们对自由民主制度的情况非常不满，许多人都觉得苏联共产主义很有感召力。如果你阅读当时的文学，并研究参加过西班牙内战的人，你就可以看到这一切曾是多么令人晕头转向。

所以这事从来都不是关乎东方对阵西方。而是关乎亚洲——特别是中国——如何从西方提供的各种选项中进行抉择。在这个意义上，西方对自己过去的排斥是相当彻底的。冷战就是一个绝好的例子。冷战使两个西方形成鲜明的反差，非此即彼，别无其他存在。西方整个占主导地位，选择就是在甲队和乙队之间择一。这种情况一直持续到1990 年代。所以我们现在谈论的事情并不久远！

而中国人那时恰恰就处于那样一个位置。他们已经拒绝了一个西方——西方乙队，也就是苏俄的共产主义模式，因这一模式对于人民来说变成了一场悲剧。他们对另一个
西方——西方甲队——还不是太确定，特别是当他们正被 150
西方攻击并遭到质疑的时候。大多数中国人在西方都很开心，如果你把他们安排到西方国家，他们会很高兴，只要他们能受到平等对待就行。他们所不愿接受的是被视为二等公民，他们难以完全接受西方是因为西方看不起他们。中国人民的自尊心对此是无法接受的。如果他们得到平等的对待，他们会毫不犹豫地接受西方。在这一切的背后，总是存在一个玻璃天花板式的问题：那种洋大人居高临下的基本感觉。那是他们不能接受的东西，那就是他们感到迟疑的地方。与此同时，中国在没有全盘追随西方的情况下也做得很好，他们选择性地接受一个西方，同时从另一个西方汲取一些东西。他们发觉这种混合的做法挺奏效。

但在奏效的同时，他们也觉得若有所失。中国基本上是在采取西方甲队和乙队的方法和技术，但他们的心魂并不在此。那种归属感，那种完全委身于此的感觉，找不见的……因为那不是中国的东西。他们知道不是。所以西方甲队和西方乙队的混合体，尽管奏效，还是少了点什么。

黄：于是儒家就再次有了用武之地吧，我想。

王：因此中国人回归自己的过去。一百年后，他们现在又绕回去不再摒弃儒家思想了。中国人曾那么竭力地要抛弃儒家，但它不断卷土重来。很多人会说，儒家之所以不会消失，是因为它里面有很多基本真理。儒家思想从根本上说并没有错。

151 当你将孔子及其基本思想与作为国学正统的儒教分开的那一刻，你就会另眼看待它了。这是耐人寻味的地方。历经漫漫两千多年的时间，即使在儒家做出各种妥协来支撑天朝国体的时候，作为个人的儒家弟子也一直心向孔子，私心里明白当以真孔子为他们的依归。但在现实生活中，他们必须向国家所扶持的儒家意识形态看齐。所以他们在做一个真正的好儒家和做一个只服务于皇帝和皇朝那部分的好儒家之间撕扯着，后者是通过成为体制的一部分而在社会上有所作为。

所以说，私底下有个孔子，台面上还有一个孔子，两个同时存在着。你可以从新儒家哲学的发展中看到这一点。这个哲学本身朝着一个方向发展，但实际情况是，作为个体的儒家不得不作出选择。他们可以一心一意地忠于儒家的原则，也可以选择谋一个公职服务于国家，成为国家眼中的那种好儒家。这就是为“儒”与为“官”的区别。这两种儒家在中国古往今来的历史上都可以找到。有些人从不为国家效力，毕生教书育人、服务于自己的本土小区，他们担心自己会做出太多的妥协，会因奉旨行事而变得腐败，而令自己的理想沦为笑柄。所以大多数儒家对这种区别还是心知肚明的。但是，如果他们想要服务于社会，他们面临的就是霍布森式抉择（Hobson’s choice）。服务毕竟是儒家精神理念的一部分。

如今，他们已获得了西方的方法论。无论是西方乙队 152
还是甲队的方法，他们都掌握了，他们现在已经弄明白了。现在他们想要恢复的是中国核心。那么什么东西应该恢复、什么东西值得保留？

如今他们既然有了可以保持国家强盛和经济稳健（假设经济会保持稳健）的方法论，他们就需要更多的什么。他们是人，国家强盛繁荣还不够。中国所面对的挑战是，西方不仅带来了方法论和技术，还带来了一套理念，其中大部分来自基督教，来自西方甲队。中国的穆斯林仍然是穆斯林，据我所知在他们人数上增长不快。中国佛教徒正转向佛教中寻找慰藉，其他那些在信仰上无以维系的中国人正在转向基督教。那么，如果中国的体制不能使儒家思想再次发挥作用，人们就会回到这些宗教之一，其中的两大宗教将是佛教和基督教。基督教如今取得了很大的进展，因为有些地方的人们存在精神饥渴的问题。这一点很清楚。中国的知识分子如今正努力地重新表述儒家理念，好让它对年轻人产生吸引力，但他们的努力还没有成功。

儒家思想还有另一部分——关于服务的那部分——可以为中国特色的社会主义服务。现在这个制度不是儒家的，而因为服务社会和国家是儒家思想的一部分，他们就为此做出妥协。

一个发人深思的问题是，私底下的儒家思想还有多大现实意义，或者说还有多少可行性？公共服务这部分怎样才能成为儒家社会主义（或别的更恰当的名字，比如“儒家特色的社会主义”）演变的基础，从而能让儒家和社会主义二者得兼呢？他们能否通过吸收儒家思想来使这个社会主义国家更具有中国特色呢？胡锦涛所倡导的“和谐”
153 理念（“社会主义和谐社会”）就是朝着这个方向发展的，运用的是“中国特色的社会主义”，吸收和接受一些东西，让事情更本土化、更容易让中国人民认识并觉得自在。

这是真正的考验。这是中国的内在问题。在处理外部世界上，现代世界的技术在很多方面都是机械的。你会学习它们，并在适当的时候加以应用。中国人对地缘政治规则的了解及他们在国际关系中的专业知识是相当不错的。他们派出了一些头脑顶呱呱的人去学习这一切。他们对事情了如指掌，也知道对于中国来说事情并不尽如人意，但他们可以泰然处之。过去三十年多来，有大量例子表明，中国人实际上已经接受了外部规则，并试图使这些规则服务于他们的利益。这是众所周知的，甚至有人认为中国有时其实比美国更遵守联合国的规则，美国并非一贯把联合国当回事。

中国人对那些规则并不太满意，因为它们只是技巧而已。所以说，重要的并不是规则本身。费九牛二虎之力去争取改变规则是得不偿失的。他们宁肯去解读、规避，或灵活运用之，以适应不同的情况。某种意义上，这就像所有其他事情一样——制造或营销等等，你不会试图改变规则。

你会熟悉和掌握规则，然后加以运用。所以，我不认为他们对规则太过于不满。如果其他人希望改变规则，那么他们乐见其成。但他们不想采取主动，因为他们不想被认为是挑战规则，甚至不想让人觉得他们在质疑规则。

这就回到看待法律的不同态度上来了。西方对法律的
态度可能更为虔敬。我称之为虔敬，因为它里面也不乏伪
善之处。所谓虔敬，意思是说，你对某件事情表示了极大 154
的尊重，并把它视为神圣。中国人没有那种虔敬。他们不
把法律视为神圣的。法律只是国家、社会，以及任何需要
规则的群体的工具之一。法律是规则的延伸。它或许是规
则制定下的更高的秩序，但它只不过是一套规则。

务实与敬法

黄：中国没有日耳曼世界那种自然法的概念。

王：我不认为中国人信奉绝对意义上的普遍法则或自然法。对于他们来说，法律只是为了达到某些目的而必需的一套规则，是可以改变的。但法律在西方也是如此啊！在实际生活中，西方对法律非常现实。他们不把规则说成是绝对的；他们的规则确实会随机而变。所以如果双方都明白这回事，如果双方都以此为基础，那么剩下的就是你想在什么时候改变什么规则的程度问题，而这通常是由利益引导的。

这种区别是非常有意思的：中国人不认为法律是神圣的，对于他们来说法律只是一个工具。另一方则将法治说成是绝对的，但在实践中也认为它必须灵活把握。在某种意义上，你面对的是两个不同的阵营，一方对待法律更有侠士之风，而另一方则对其神圣性小题大做。但是在面对现实的时候，我相信大多数人——无论是中国人还是西方
155 人——在必要时都会开放地面对规则的改变。看看联合国成立以来制定了多少新规则，国际法也一直在演进。所以中国人有准备看到新规则。

黄：全球贸易机制确实一直在变化。

王：不断变化，显然是想要改进。这意味着如果机制

不起作用，你就会加以改进。所以，当有人出来责备说，“这是规则，你犯规了”，中国人就觉得很奇怪。对于他们来说，这有点不着边际。当然这会造成很多误解。中西方有两个非常不同的出发点。西方的出发点是，一旦你达成一项协议，它就是一成不变的。但这种想法从来不是中国文化的一部分。

黄：您提到西方的敬法与中国的务实，这令我再次想到儒家思想，以及“礼”这个观念的中心地位。在某种重要的意义上，“法”是一种仪式。国际法显然更是如此，并且是新开创出来的仪式，含有以某种方式做某些事情的协议。先有“礼”才有“法”。

王：我认为这很好地描述了中国的态度。法律是一种相互商定、彼此接受的礼仪，中国人强调其“礼”的一面，而不是法律绝对的一面。

黄：所以没有什么好自以为是的。既然大家处理的是关于礼仪的协议，就需要一种尝试性的态度。对法律采取一种更虔敬的态度，是想拥有超出协议本身的权威，或假定其实并没有相互协议，而只是一方神启般的对法律的发现。

王：中国人没有那种超越性。你知道，在他们的传统 156
里面没有高高在上的神明，没有那种主宰万物、左右自然法则、令你不能背离的存在。并且，中国人发现，那些一本正经、将法律奉若神明的人们也会修改法律以适应自己的需要，于是他们说："瞧，还是我们的做法更合理吧!"中国人在过去两百年里已经受够了，现在他们说："你们的法律观与我们没有什么不同；我们对法律有不同的态度，但实际上我们并没有那么大的差别。我们从假设入手，你们先信誓旦旦，但到了最后，我们都是实际的、务实的，我们准备进行研究和做出调整。在这一点上，我们殊途同归。"

中国的立场更为现实，虽然西方立场也自有理据。你需要一些确定性，让你在偏离的时候可以做到八九不离十。中国人行事非常灵活，一切都是怎么谈和怎么判的问题，端看如何努力使双方达成一致。对于中国人来说，没有什么基本原则，而西方则认为是有的。

我认为这种对法律认知上的差异是许多误解的根源。中国，事实上是非常务实的。中国共产党没有教条，反正从邓小平东山再起后就没有了。而毛泽东也并不是教条主义的，他只是具有强烈的个人色彩而已。如果你看看中国共产党自 1921 年成立以来的历史，就会发现他们的教条实际上来自西方，来自列宁和斯大林。在中国，从陈独秀、瞿秋白一直到毛泽东、周恩来，都只是他们几个人自己在磋商，最终大家觉得毛泽东凡事都安排得缜密周详，他们
157 甘拜下风，决定接受他。

黄：那完全超出了当时马克思主义的认识。

王：与马克思主义无关。所以在这个意义上，中国共产党从来都没有教条过。说邓小平令中共更加务实也是不准确的。中共一直是务实的，但容易受到最高领袖作风的影响。

全球性即海洋性

黄：您谈的是两百多年来文化本质之“体”与实践手 159
段之“用”这二者间的辩证关系，不是吗？在熟练掌握“用”的过程中，“体”似乎迷失了，或者说彰显不出来了。

王：这是因为中国人花了好长时间来摸索其“体”何在。他们丢弃了原来的“体”，尝试找个新的，然后失败了！但“用”呢，他们掌握了。所以现在中国得找“体”了。有意思的是，在他们一开始遭遇西方势力、尝试改革帝制时，他们所说的，并且以最大的信念去做的，是“体先于用”。在掌握“用”的时候要守住“体”。但是“体”实际上被抛弃了，他们想找东西来替代。如果用机械术语来形容，就是他们想换心。这行不通！所以现在他们试图修复它。他们发现心是无可取代的。

你无法避免采用那些技术和方法——否则你无法生存下去。没有来自西方的“用”，社会和国家都无法生存下去。所以在这个意义上说，用马凯硕的“大融合”（Great

Convergence）概念，就是所有这些方法都要融合在一起。但是，在这一切的底层，每个文明和文化都想要保持自己的心跳。无论是伊斯兰教还是佛教都没有关系——他们都想保留点自己的东西，因为这才是应有之义。

如此所面对的挑战是，我们如何在拥有这一切方法和技术的同时仍然保持初心？如果我们做不到，那我们如何找到新的方法来糅合或合并两者，使两者能够共存？人们是可以做得到整合两者的。西方在某种程度上就是一体化
160 的结果。西方并没有像别人那样，清楚地表述其体用之间的冲突。但那种冲突在别处是显而易见的。

所以当你谈论西方与其余地方的对比时，我所理解的最大区别是：西方是体用合一的，其他地方都不是。其他地方的人都在努力去匹配那些方法，但却不想要西方的精神。至少，他们对西方精神感到不舒服，想保留自己的。与此同时，西方想推销的是整体打包的产品，而其他人想购买的只是其方法。

对于亚洲，对于东亚，对于我们这部分世界来说，这个紧张局势会继续存在。对于我来说，我对日本这个例子有巨大兴趣。日本领先于亚洲其他国家。中国人可能会对日本人有各种负面说法，但实际上他们知道，日本人领先东亚文化。日本在完全接受西方技术的同时，儒家及佛教思想也混合存在着。他们仍然保持日本的思维方式——尽管这种思维方式有可能维系下去也可能维系不下去，长远

而言可能奏效也可能不奏效——但他们是在全力以赴，并且卓有成效。日本人没有任何不像日本人的地方，但他们对西方技术的掌握是原原本本的。在亚洲，没有哪个国家的人比日本人更了解西方，但当你遇到一个日本人的时候，你真切地知道他绝对是个日本人。

所以中国人说：“为什么我们不能像他们那样呢？”事实上，我认为中国那些聪明人会说：“是的，我们还是可以像他们一样，采纳更多的技术和方法，如民主和人权，而不必改变我们的精神。”西方会说：“那不行！如果你采纳我们的人权理念，你必须整体采纳。”对此，中国人回答说：“好吧，也许行，也许不行，还是让我们看看能做些什么吧。”

民主这件事，他们肯定可以当作一种技术来使用。日 161
本人已经采纳了民主制度，但这并未改变他们彼此相处的关系。也许民主精神因地而异，但他们的技术是绝对的。他们在现身说法。新加坡是另一个很好的例子，我们采纳了技术，国家像英国议会制度一样运行。所有的规则都恰到好处。

所以中国人也对此感兴趣：“如果你们做得到，我们也可以。日本人能做的，我们也能。”那么现在，中国该怎么做呢？中国人口众多，他们的不均等不仅仅是收入上的不均等，还有高科技领域的先进人口与农业人口之间在技术上也是不均等的。所以你不能只谈收入的不均等，那只是其中一项。那种在现代性的理解上的不均等，那种差距，在中国是非常悬殊的。新加坡的情况就不是这样的，日本当然也不是这样。当差距没有这么悬殊的时候，你就万事俱备，只欠东风了。

精神方面是另一回事。日本对于中国人来说是个更好的例子。新加坡则不然，因为新加坡是个多文化、多语言的多元社会。在新加坡并没有唯一的精神，有很多彼此看不惯的小的竞争对手存在，但他们能够搁置分歧、专注于机制。然而在日本，现代技术与日本人的思维方式整合起来了——我相信中国人也想变成这样。这是真正的挑战、真正的考验。

现在，如果我们回到原来的讨论上。大陆与海洋之间的平衡只是另一种观察事物的方式。中国人必须适应全球性是海洋性的这一事实。欧亚地区如今不是全球性的；它
162 是大陆性的。几千年来，中国一直是大陆性的，对海事的关切总是被推到次要位置。现在他们必须面对现代的全球性是一种海洋现象的现实。所以他们采用的技术带来的一个新视角，也就是如上所说的全球视角。这对于中国人来说是一种全新的体验。过去，中国痛苦地意识到欧亚地区的全球性——如果我可以在此用这个词来形容的话——而他们自己在其间是个局外人。中国曾处于这个大陆扩张的边缘，蒙古帝国是其巅峰时期。

毫无疑问，在面对强势的欧亚势力的时候，西方也曾

是个局外人。但凭着其海上力量，西方打造出了自己的全球性。如果不是向海上发展，他们就不可能成为全球霸权，扬帆弄潮是成为全球霸权的秘诀。眼下中国人还不知道该从何做起。他们正着手学习，但还刚刚开始。当中国开始留心这件事的时候，其他国家都纷纷跳了出来。

黄：是啊，中国被指责为搞帝国主义。

王：其实是没影的事！对我来说一目了然，这事与搞帝国主义无关。中国人只不过是开始意识到必须向海上发展了。要成为全球化世界中的一个现代国家，要面向全球，你必须留意海事，否则你就输了。现在大家看中国海军，注意到它还是相当不起眼的。但不要忘记，中国拥有世界上最大的商船船队。为什么？因为他们有这个需要，为了贸易，为了推销他们的货物，为了带回资源。否则他们就发展不起来。整个经济发展模式使他们逐渐明白，是海洋——不是空气，也不是土地——是全球经济的秘密所在。
当然，他们在内陆也在修建铁路，但那并不能将他们与全 163
球世界连接起来。如果只立足于陆地，他们就永远不能走向世界。

黄：非洲就在这时浮现了出来。

王：还有拉丁美洲，甚至还有欧美。中国的商船很重要。他们不能依赖别国的商船。当发现中国商船是世界上最大的船队时，我为之一动。[3]他们一直在默默地建造，因为他们有此需求。中国人很擅长造船。香港的船运业者是上海来的，上海人从事船运颇有历史了。来自福建、浙江（主要是舟山及宁波）的商人也都参与其间。但都受到中央的牵制。郑和下西洋就是一个很好的例子。其航海能力已经具备，但中央的世界观阻碍它的运用。中央政权一心只想在北面建造长城。

这里你就看到美国所具备的很大的优势。美国是举世无敌的大陆国家，同时又是一个雄霸两个甚至三个大洋的海上力量。中国是个大陆国，但它有很多敌人——大陆上的敌人，千年宿敌。他们总是腹背受敌。而现在，当中国想成为全球经济的组成部分时，他们如何捍卫巨大的海洋
164 利益呢？他们必须拥有海军。仅有商船是不够的。事实上，由于他们只有海上商船而没有海军实力，所以被人说成是搭顺风船的。我猜想这是真的，中国实际上真是搭了不少顺风船。所以美国人一直在抱怨。但话说回来，为了参与海上防御，中国需要一支真正的海军。但美国人又不希望如此，因为这对他们构成威胁。所以这一切都充满矛盾。中国人则指其虚伪。

自鸦片战争以来，海上包围圈就已成为打击中国的战略。英国人就是这样做的。毕竟，全球势力的本质是海洋性的。但中国该如何应对呢？在早期他们是闭关锁国，但眼看着被攻破了。所以知道那不是出路。解决之道是参与到全球进程和全球经济中来。但如果你没有海军，你就没

有讨价还价的筹码。你只能对拥有海军的国家低声下气。

我们知道，中国先是在英国和法国海军鼻息之下苟且了大约五十年。到了19世纪末，他们又开始受日本海军的气。这三支海军摧毁了中国。海洋完全掌握在别人手中。中国人想收复而不得。如果你看看从1895年，即新建的北洋海军被打垮的那一年，一直到1949年，中华民国、军阀、国民党，都因为没有海军而无可奈何。整个那个时期，中国都是完全无助的。

正如我在不同场合指出过的那样，解放军是一支大陆性的力量。他们一艘船也没有。解放军的胜利完全是在陆上战场取得的。这是中国传统的战争方式，与清朝或明朝时没有区别。所有战事都发生在陆地上，没涉及一船一舰。

黄：解放军当时也没有空军，那本来可以攻打敌舰的。

王：是没有，没有空军。在东三省解放军从苏联人那 165
里得到了几架战机，但那是很晚的事了。解放军实际拥有的第一艘军舰是国民党投诚过来的。再说，国民党的军舰还是美国人随手送给他们的二手货呢。

中共那时怎么训练海军呢？从1949年中共上台——完全靠陆地上打了胜仗，我必须再说一遍——紧接着从毛泽东掌权到邓小平时代这三十年间，世界上所有的海军力量都在联手对抗苏联。在冷战时期，苏联是欧亚势力，美国及其他国家则是海洋势力。结果谁赢了？苏联无法突破海上封锁。虽然他们有海参崴（符拉迪沃斯托克），但那地方位于北方偏远的一隅。在世界的另一边，他们被波罗的海、黑海、地中海和北极区团团围住。所以，苏联仍然是纯粹的欧亚国家。

现在中国可能会陷入同一境地。但与俄国不同的是，中国拥有暖水海岸。中国是世界上除美国以外，唯一一个既属于内陆也属于海洋的国家——这是美国人非常清楚的一点。唯一的国家！印度呢，也算是，但印度不是大陆国。印度一直是周边性的，因为有喜马拉雅山。他们总是在西北边界失守，眼看着入侵者从那边涌入。

但中国是不同的，他们是能够称雄大陆的，尽管过去中国一直将大陆势力视为威胁。为此他们还建造了长城来保护自己。实际情况是，他们在某些方面易攻难守的脆弱是印度所没有的。印度人的死穴只在经由阿富汗—巴基斯坦的一条狭窄的路线上，别无可忧。但中国一直是门户大开的。

中国必须是大陆强国才行。印度人则真的不必如此。这就是为什么人们称印度为次大陆，自有其原因。中国就
166 是大陆性的。但它现在想要平衡一些。这就是为什么美国对中国人谋求海权的举动非常关切。

但美国令人难以企及的优势就是，他们可以自如地全身心集中在海上力量。所以当奥巴马总统说向亚洲“再平衡”时，他的意思只是海军力量。美国海军力量的“前沿防卫”能力难以匹敌，中国是无法抵挡的。中国所能做的

就是，在沿海地区和在日本与东南亚中间的海域，确保他们能有一些发言权。

2013 年 3 月习近平出访俄罗斯，这在某种意义上具有象征性。但他也去非洲。为什么？这是在提醒一个事实，即商船和海上通航确实是至关重要的。去俄罗斯是在提醒中国历史的大陆路线，去非洲三国则是说：“我们也是全球性的，我们想成为全球经济的一部分。”

那次出访是一种平衡。我在尝试领会个中意味。从象征意义上看，说明愈来愈多的中国人意识到，如果他们想要成为一个全球性的玩家，那么海上公信力的匮乏是非弥补不可的一个缺陷。而且，如果美国人要求中国扮演全球性角色的话，那么中国在海上一无所有就不可能做到。所以美国人也被问住了。当他们要求中国人更多参与国际事务的时候，他们在告诉中国人要做某些事情，但与此同时他们又不希望中国人做其他某些事情。于是中国人会说：“你想我们成为 G2 伙伴，诸如此类，所以我们必须有能力做你所做的事情。”[4]但美国人说：“不，不，我们不是这个意思。”美国想要中国人在伊朗和朝鲜问题上帮助他们， 167
但不希望中国插手其余的事情。中国人说：“这样可不是伙伴关系啊。”这就是为什么中国人回绝了 G2 的想法，不是因为他们对美国人有敌意，而是因为这么做没有意义。美国人真正的意思是说，“我们一起做事，这样当我们让你们为我们做什么的时候，你就去做呗。”当然了，如果中国人反过来要求美国人为他们做点什么，那么美国人可能就会说："啊，但那不符合我们的利益。"

黄：美国人想要另一个英国。

王：在某种程度上，是的。中国人知道所谓 G2 并不是那么回事。它其实是 G1½。

中国的大陆前线

黄：说到这儿，我们是否先来看看中国现在的陆地边界？或许我们还可以探讨一下中国人为什么对西藏和新疆问题这么敏感。

王：他们的内陆边界非常脆弱。新疆人与哈萨克斯坦及其他国家的突厥人有千丝万缕的关系，而西藏是中国与印度之间存在的一个争议话题。印度有超过十万藏人声称自己的家在西藏，印度政府不给他们公民资格，现在他们在那儿已经是第二、第三代了。这些人在印度学校接受印度教育，他们有着印度人一样的世界观。所以中国人怎么会忽视这一情况呢？印度人也知道这一点，长久以来这个问题一直是双方关系紧张的一个根源。

并没有简单易行的解决方案。中国人在西藏投入了大量兵力，印度人在边境也重兵把守。这就是现实。我不认
168 为他们会打起来，因为在那儿干一仗是荒唐的事。没有意义，只要有助于保持现状就好。这就是中国人所要的——

保持边境的现状。但中国人保持现状的代价是非常高昂的。幸运的是，与蒙古的边境并不存在严重的问题，并且我也不认为俄罗斯人会在这个时候希望以任何方式改变局面。中俄相对来说比较容易搞好睦邻关系。任何一方都不会从制造麻烦中获益。不稳定因素在突厥民族方面、穆斯林方面。

黄：缅甸及其惊人的改革呢？中国人会担心吗？

王：当然，现在情况正在发生变化。中国与缅甸关系不错，但他们一直都意识到，缅甸在挑动中国与印度作对（编者按：较为准确的说法是，缅甸在与中国保持良好关系的同时，也重视与印度等其他大国的关系，以减轻对中国的依赖）。这一点一直很明显。

我认为缅甸被中国人欺负这种说法太夸张了。缅甸人非常巧妙地挑动一方与另一方作对。在某种程度上，缅甸就像朝鲜，非常机灵，非常独立。缅甸人当然也是这样，他们是非常独立的民族。自从西方对其实施制裁以来，缅甸一直在恪守自己的利益。所以他们转向中国。他们也转向印度，而且印度人很快就作出了响应，所以与他们的关系也很好。现在缅甸成功地把西方也引进来了。这样一来就全面改善了缅甸的谈判地位。当然，这样做也使得缅甸的领导面对更为复杂的局面。昂山素季如果当上总统（编者按：在政府内获得实际权力），其执政将会经历一个困难的时期。[5]

169 中国人一直深知印度人在缅甸非常活跃，他们知道自己对此不得不适时调整，知道这只是个时间问题。中国可能会对此感到不适，可能会非常不快，他们的一些项目还在缅甸搁置着。但中国会很快进行调整的。这又是一件很现实的事情。他们帮缅甸人建了一个港口，同时还铺设了到云南的石油管道（编者按：已建成的石油管道是从缅甸皎漂港至中国西南内陆，从中东至皎漂港需经油轮运输），中国人关心的是中缅油气管道的沿途安全。我觉得这才是中国真正的兴趣所在，但这与地缘政治毫无关系。如果缅甸政权稳定，那一切都没有问题。中国人怕的是那里政权不稳定。如果军方排斥昂山素季，在对吴登盛与西方修好这件事上改变了主意，内战或争斗一旦爆发，各族群开始浑水摸鱼，那种局面肯定会令中国担心。在某种程度上，这就像新加坡宁愿苏哈托做印度尼西亚的统治者。至少那三十年里你知道谁在控制局面，这样你还可以做生意。苏哈托下台之后，事情可就变得复杂得多了。

在缅甸，中国人习惯了这群军人，刚刚学会跟他们做生意。双方知己知彼，可以一起计划。但一旦事情放开了，就会变得不确定得多。我想这就是中国人担心的地方："谁来保护管道，我们怎么才能放心？"如果昂山素季上台，她真的可以控制得了这个国家吗？我不认为他们反对昂山素季；他们只是怀疑她的执政能力。军方真的能让她掌权吗？棋行险招的时候，他们会向她交出多少权力？对此尚不能确定。西式的做法开辟了很多可能性，但也带来了很多不确定性。甚至连西方也有不确定性。人们正涌入缅甸，跃跃欲试地要支持缅甸境内各路民主力量，但谁知道国家将如何实际运作。

黄：日韩在缅甸也很活跃 。 170

王：哦，是啊，当然了。但是，我认为，中国对他们并不担心。如果缅甸经济真的有起色，对中国来说也是好事，那样缅甸人就会买中国货了嘛。毕竟云南与缅甸相邻。如果缅甸真的做得好，印度就会受益，所有人都会受益。中国人担心的是事情会再次令他们感到不安稳。一旦军方开始有所动作该怎么办？他们并没有就此消失，他们或许只是改变了战术。

此外，印度洋是一个战略重地。例如，位于马六甲海峡最北端的槟榔屿突然在地缘政治上变得更为举足轻重了。弗朗西斯·莱特（Francis Light）很有眼光，他选择了一个建港口的好地方。从海的对面望过来，槟榔屿很理想。从南海上看，新加坡有优势。但事实是，中国人不再仅仅依赖新加坡，他们还想在孟加拉湾也有说话的份儿。再强调一下，中国对港口的兴趣又是出于商船而不是海军。

每个人似乎都在盯着海军。那不对。商船的规模及其能量才是有意思的地方。他们正在斯里兰卡、孟加拉国和缅甸建造港口，他们都是连在一起的。

黄：大英的“东方明珠”诸岛如今转向别处了吗？

王：那不再是一串珍珠了，因为它们都分属不同的国
171 家了。他们不是中国人的，中国人只能进入，无论是属于缅甸、孟加拉国，还是斯里兰卡。中国也想进入属于印度的地方，但印度人不允许。事实上颇为讽刺的是，斯里兰卡先是邀请印度人为他们开发港口。印度人回绝了，因为港口靠近贾夫纳（Jaffna），而当时正处于斯里兰卡内战期间，对于很多泰米尔人遇害的事，印度人非常敏感。所以当斯里兰卡政府向印度提供港口建设项目时，作为一种地缘政治的举动，印度人回绝了。于是斯里兰卡人就求助于中国，并得到了首肯。当然这件事引起了印度的不快。

孟加拉国的吉大港（Chittagong）是另一种情况。它位于孟加拉国与印度相距甚远的地方。吉大港靠近缅甸边界，在缅甸的若开（Arakan）附近，若开是一个政治上非常敏感的地区。中国人在那里有港口。再一次，他们心里装的是未来的事，同时他们也非常小心。他们不想完全依赖于哪一个国家。他们拥有的石油管道越多越好。何必要一棵树上吊死？印度的另一边是巴基斯坦的瓜达尔港（Gwadar），由中国人管理着，那里会与新疆连接起来。新加坡国际港务集团（PSA）经营了该港口 3 年，直到 2013 年。这是一项赔钱的风险投资，无遮无拦地暴露给敌视外国利益的俾路支省（Balochistan）。PSA 后来放弃了这个项目，巴基斯坦于是把它交给了答应接手的中国人。

我们看到的是一串珍珠吗？你可以这么说，但事实并

非真的如此，还是要就事论事，并且与军事战略无关。

黄：如果我们现在转过来看中国在东亚的海洋处境，会感到有一件事真的非同小可，那就是 1894 至 1895 年中日首次军事冲突竟然是在海上。

王：日本像英国一样是个岛国。它没有办法成为一支 172
大陆势力，所以从来不是欧亚故事的一部分。日本是真正的局外人。

日本人当然知道，1839 至 1842 年第一次鸦片战争，英国人打败中国人靠的是先进的战舰。然而，驶入江户湾的黑船可是美国人的。美国人当时想进入中国却不得其门而入，转而去了日本，强迫日本人开放门户，那是 1853 年(即黑船事件)。英国人，还有法国人，对日本从来没有兴趣。在紧接着对中国的第二次鸦片战争中，英国和法国再次制服了北京。日本人将这一切看在眼里，意识到一个新世界的曙光正冉冉升起，而那是一个海上争战的世界。作为“岛民”，他们意识到这一转变的意义。中国人则没有意识到。

在甲午战争之前的那些年里，中国对海事仍反应淡漠。他们对帝国的控制信心满满。例如，清朝几乎把全部精力都花在了对付太平天国的叛乱上，铲除捻军、压制云南的穆斯林，并在新疆与穆斯林打了一场重大战役。这些战争持续了十到二十年的时间，夺走数百万人的生命。那时候，他们是在陆地上征战。平息太平天国的战争是一场险胜，但北京还是赢得了每一场战争。[6]

清朝在海上吃了败仗，都是抵御外国入侵的战争。然而他们没当回事："没错，我们没有海军。不过，外国人不会真敢打进来吧。"说的当然没错！外国人是不敢打进去，实际上他们想要的只是沿海。所以中国人一直踌躇满志，直到他们意识到这事不仅仅是几艘船舰的问题。一旦你有战舰，并且像日本人一样近在眼前，你就可以登陆。

173 英国和法国远在千里之外，美国也是如此，所以没有什么可怕的。但如果日本人在海上打败中国，他们的军队就可长驱直入中国的土地。台湾就是这么输给他们的（1895），对朝鲜的控制也很快失去（1910）。这时中国人才恍然大悟。但此时他们已经落后日本四十年了。从 1853 年黑船登陆日本的那一刻开始，日本人就在计划海军革命，派出最优秀的年轻人到英国学习。

中国与软实力

黄：我想听您谈谈"软实力"（soft power）这个概念，以及它跟我们刚才的讨论是怎样一个关系呢？

王："软实力"这个词很难解释。我不能说我完全理解了它应该是什么意思，或者不应该是什么意思。对"软实力"存在不同的理解，主要分歧出现在它与被理解为"硬实力"的军事力量的区别上。但我不认为这是约瑟夫·奈（Joseph Nye）的意思。[7]他认识到，“硬实力”是比军事力量更大的概念，还有政治影响力和经济实力的意味，而“软实力”是除此之外的那些。“软实力”是文化价值观、理想、原则、梦想，是事物的人本主义的一面。尽管约瑟夫. 奈无法将“软实力”线条分明地勾勒出来，但他根本的洞见在于——据我理解也是对约瑟夫·奈的“软实力”一词的主要诠释——在软实力的背后一定有硬实力。换句话说，你没有硬实力就不会有软实力。另一个解释是说，硬实力是个坏蛋。孤立来看硬实力——即人们理解中的军事力量——其他一切都可被视为软实力。那软实力就包括了经济实力，企业就成为其中的一部分。这是两种截然不同的解释，人们在这一点上莫衷一是。

我的理解是，问题的症结是对财富的看法。如果你是 174
个马克思主义者，你会认为经济实力就是一切。权力的基础是经济，可持续的军事力量完全是建立在经济实力这个基础之上的。你可以有些军事力量，但除非你有经济实力，否则你的军事力量不可能持续下去。

现在，如果经济实力也是硬实力的话，中国就没有多少软实力可言。但如果经济实力是软实力的一部分，那么，是的，中国确实有不少软实力。

如果你看看中国人如何使用这个词，你就会看到，他们试图将“软实力”与军事力量分开而论。

国际关系，战略研究，军事力量和国防——这些都是硬实力。其余的一切都是软实力。投资、生意部署和贸易都是软实力。

现在，日本和韩国人在财富之外都有软实力可言。但软实力的背后总有财富。我认为约瑟夫·奈并非假装没有这回事。如果你仔细读一下他的书，他真的是把财富和实力想当然地相提并论的。财富和权力是硬实力的基础。他所说的是：这些长远而言并不重要；最终事关重要的是你的影响力和你的软实力——美国就有充分的软实力。所以不要只强调美国的硬实力，美国很多实力属于软实力。但他意识到，如果没有财富和军事力量，这种软实力是不可能有的。所以财富和军事力量可能是不可分割的。一旦你将财富视为权力的一部分，中国的软实力论就不能成立了，所以中国人不想这样看待软实力。

我仔细阅读了中国在软实力方面的论文，他们所有人
175 都谈做生意。做生意是软实力，它不是硬实力："我们不用枪；我们不用坚船利炮。我们对外施展的是'软'性的，因为我们是来做生意的。"这是一件有争议的事情。我不是教条，但中国的情况取决于对软实力的定义，要包括贸易部署、商务和商船货运。我不是很确定我的理解是否正确。

黄：他们用的中文词是什么？

王："软实力"。身段柔软的"软"，很简单。但紧接着他们用"实力"来指代原本也有"权力"之意的"power”。所以即使在中文里它听起来也是矛盾的。中国人绕不过这个译法，因为他们并没有发明这个概念，只是翻译过来。你如何避免使用实力？实力真的能是软的吗？如果是软的，还是实力吗？这是些矛盾的字眼。

约瑟夫·奈真是绝了，竟提出“软实力”这种可能性。在某种程度上，它完美地折射出西方文明的关键点，也就是传教那部分。那部分一直被认为是帝国主义的柔性一面。文化帝国主义一直是与帝国主义分开而论的，因为它是柔软的一面。但是，它毕竟还是跟着帝国主义的旗帜走的。没有大旗可拉的话，传教士们的事就不会那么容易做了。

这么说来，真正的软实力，软实力的最高标准，是佛教。一群僧侣来到中国，从印度，从中亚，从信仰上转变了整个中国，转变了整个东南亚。不用一枪一弹，甚至也不用金钱，这不是基于贸易的行为。如果有人想定义“软实力”，那么佛教的传播不可否认就是了。

基督教的传播背后有枪。伊斯兰教也是以好斗为标志的。约瑟夫·奈是说软实力是他基督教背景的一部分：“总有一些东西与枪什么的毫不相干。”

这话在某种程度上也是实情。毕竟，天主教会派遣了 176
很多神职人员到蒙古帝国，他们手无寸铁。但他们也没能让多少人信了上帝：在没有财富和权力做后盾的情况下，他们就不是很成功。当他们成功时，你总会在他们身后看到财富和权力的影子。

我早年认识的那些改信基督教的中国人，大多是因为基督教与成功有关而信上帝的。中国人是非常现实的，就像欧洲人一样。历史上欧洲人的改宗，通常都是国王一马当先，通过改宗来巩固权力，把教皇争取到自己一边。这给他们打败恶邻提供了一个额外的维度。教皇在你一边，上帝就在你一边嘛。精神上的感召力在于如何能增强军事力量。

约瑟夫·奈所理解的可能是与实际权力的结合。我认为他对此了然于胸——软实力不能靠一己之力存在，它是更高权力的延伸。但是中国人正试图反过来解读它。这就是为什么我觉得这事难以论断。中国有受佛教教化的经验，他们知道软实力是有可能占上风的，佛教就曾彻底地占了上风。佛教无论传到哪里，真是所向披靡，除了在印度。在印度，佛教被印度教及各种其他教派给摧毁了。对于那些相信奎师那（Krishna）、毗湿奴（Vishnu）或罗摩（Rama）的人而言，佛陀是最危险的竞争对手。佛陀得人心就是他们失人心，所以他们反击并摧毁了佛教，而且他们出手很不留情。

黄：这么说，佛教没有怎么融入到印度教里面吗？

177 王：佛教被摧毁了，佛寺什么的都被毁掉了。事实上，那烂陀寺（Nalanda）到底是被穆斯林还是印度教徒摧毁的，这事一直没有定论。印度教徒指责说是穆斯林干的，但我们找不到相关记载。我们所知道的就是，整个寺庙毁于一旦。但当时的情况已经很清楚，有一帮印度教徒四处破坏佛教。我们有印度教徒发动这场运动的确凿记载。包括耆那教（Jains）在内的不同的印度教派都群起而围攻佛教徒。需要解释一下的是，所有许多其他教派都在印度幸存下来，除了佛教。

黄：…… 而佛教在其他地方就一直很强大。

王：那时未曾有过军事介入。今天的佛教徒可能会出现暴力倾向，那是因为现在他们成了国家的一部分，成了财富和权力的一部分。但在此之前，佛教完全只是传达一种宗教意义上的讯息（message）。我认为没有人会否认这是一种软实力。

黄：但是，绝大多数其他宗教信仰难道不也具备某种超乎财富和权力的东西，并且能用这种东西吸引基层民众吗？

王：很难界定。有些情况很简单。伊斯兰教的传播与阿拉伯人走出沙漠、征服天下有关。那是最初的推动力。但是，如果你看一下有些伊斯兰教的皈依，所使用的手段都是非常简单的。许多马来人皈依伊斯兰教是因为他们的统治者皈依了。但他们当中许多人从未真正皈依过，很多是直到最近才真正了解伊斯兰教的，这种影响来自沙特阿拉伯和伊朗革命。

178　马来人过去对皈依改信这种事非常随意。他们皈依伊斯兰教可能是非常简单的事。很久以前在沙巴（Sabah）时，我曾遇到过这种事。我当时去了位于沙巴州内陆省的根地咬（Keningau）镇的一个地方。该行政区的地方官员是个天主教徒，他带我去走访一个村子，并给我介绍这个村子如何成了穆斯林村，而其周围的沙巴人要么是天主教徒，要么是泛灵论者。原来，在战争期间，一个文莱的马来人为躲避日本人跑到这儿来了，他在文莱犯了什么事，所以就到了根地咬，躲进这个村子里避风。村民们并不介意。他们就看他每天都做什么：他祷告、净身，做些很简单的事情，不吃猪肉，别无所求。他们感到好奇，就问："你做的是什么？为什么这样做？"他就解释给他们，谈到了真主、穆罕默德等等，以及他如何祷告，说祷告是与至高的存在相联系的一种手段。于是，出于对他的敬重，以及把他视为圣人这样的原因，整个村子都皈依了真主。

黄：他肯定是散发着真诚气息的人。

王：绝对是精诚所至。全村都要他教导他们。村民们跟随他，在他们自己眼里，他们都是穆斯林了。

没有阿訇，没有礼拜寺。这个人也没有房子，就是自己祷告。最终他们建起了一座清真寺。

而那位身为天主教徒的地方官员对此事很感兴趣，因为天主教来传教时，他们要求你放弃这个、放弃那个，要求你必须学习这个、必须记住那个，以及各种仪式——都是在你获准加入天主教会之前必须要做的各种繁复的事情。而对另一种宗教来说，只要你祷告五次、净身、口念安拉是你唯一的真主、穆罕默德是先知、不吃猪肉，你就是个穆斯林了！

黄：够简单的。179

王：整个村子的人后来一直是穆斯林。所以这不仅仅是统治者单方面的问题。有一个精诚所至、金石为开式的简单讯息。这就是个软实力的例子。

我认为基督徒也有这种软实力。但基督教具有伊斯兰教所没有的传教事功。穆斯林不涉及专门的传教工作，基督徒就有。他们要出去通过以身作则行为等等来转化他人的信仰。这是一种使命。在伊斯兰教里，这种工作甚至没有必要。我已经开始去了解伊斯兰教是如何在非洲传播的了。那可不是通过战争。许多人是在丛林里皈依的，特别是西非地区。那也不是通过军事力量，没有争斗。有些人就是信了伊斯兰教，而且人数不少。软或硬的实力在一个范围内位移。我认为只要中国人认为商业和做生意不算是硬实力，那么他们就会认为他们在软实力上做得不错。

现在，另一件对我来说非常重要的事情是，中国人在创造财富方面一直都是成功的。创造财富、专业技能和制造，都是中国文明之所在。这是儒家管理的创富文化。儒家本身很可能并不擅长赚钱，但他们通过服务于国家的政治军事机器，将一种非盈利的方面融入了盈利的方面。

最终，财富和权力并驾齐驱。对我来说，二者过去是、
180 现在仍是不可分割的。事实上，从宋代起，士大夫就取代
了拥有土地和世袭权力的贵族。这些士大夫幼时就学于商
贾世家，因此与商人有更积极、更合作的关系。而商人只
要不越雷池半步，只要认识到士大夫的地位远尊于商，只
要不做任何挑战其地位的努力，只要能小心维系这种关系，
那每个人都从中获益。这就是历经宋、明、清一路演进下
来的情形：商贾与士大夫的关系变得非常密切。

我认为，即使在今天，一个中国企业家，不管他起步
时是多么私有的性质，他都知道必须得与官方密切合作。
而官方反过来也知道，国家要在商企的收放上掌握主动权。
企业追求商业扩张、寻求资源或市场等等，都并非完全免
于国家干预，国家干预实际上是非常平常的事。这愈发令
原教旨主义的资本家们郁闷了。他们说：“不不不，必须
181 完全私有。”但没有什么理应如此。为什么资本主义必须
是私有的？资本主义只意味着一种有效利用资本的方式。

黄：例如，对于像新加坡这样的小国来说，要做出个跨国公司的样子，你需要国家的支持，否则你就完了。

王：否则你就完了！你早就被吞掉了。你怎么能把国家与大型企业分开呢？如果你想开个小店，那无所谓，那你可以谈得上私有。但一个跨国的大公司呢？这些跨国公司的规模比许多国家还大。可以肯定地说，如果你把它们列入联合国成员名单，它们会跻身前五十位呢。

所以，亚洲最大的银行都是政府支持的。这就是为什么中国进行的基础设施建设完全依靠国有银行提供贷款。我们这里说的不是一两百万的数目，而是数十亿美元之巨。动辄几十亿美元，有时甚至涉及数千亿美元。例如，修建铁路就需要数千亿美元。这些钱从哪儿来？只有国家银行才能处理这样大笔的资金。在这个意义上，就像新加坡政府投资公司（GIC）。虽然一切都是在商业基础上完成的，但背后决定进退的是国家，最后承担保护资本之责的也是国家。

当约瑟夫·奈讨论软实力的时候，他是在西方语境中说话的。他将软实力视为超出国家的领域。简而言之，硬权力与国家有关；软实力则与国家无关。现在，在中国的语境中，这种说法几乎是不可想象的。我极不情愿回溯到 182
天地万物之始这一类世界观的基本差异上来，但事情就是这样的。从西方思想来看，我们正在处理一种对万物进行分类的分析方法。宗教、哲学、你所拥有的一切都被定义和界定。你要么是基督徒，要么不是。

对于中国人来说就完全不同。他们是尊儒还是信佛？事情是，他们可能什么都沾一点，没有关系的。他们对人生的各个方面的态度，整体上是尽可能兼容并包。而这正是令西方人感到困惑之处，甚至觉得有些阴险，因为这有悖于他们对为人处世的理解。

黄：西方对确定性有执念。

王：是的。你可以看到这一执念贯穿一切。你看，西方的哲学系从不接纳中国传统哲学。没有中国哲学，只有中国“思想”，那不是哲学。除非你遵循古希腊罗马的传统，否则就不能称之为哲学。而现在，他们当然也开始教一点中国哲学了，但还是很勉强。而且他们仍然称之为“思想”，他们还是不愿称之为“哲学”。新加坡的学府倒是称中国思想为“哲学”，美国的院校则刚刚开始有这个迹象，但这要花很长很长时间才能见分晓。美国仍有很多大学的哲学系完全限于古希腊罗马传统。

所以，凡此种种，所涉及的世界观是非常根本性的事情。这种世界观上的根本性的不同怎么可以就这样被忽略或置之不理呢？它贯穿于人们所做的一切。所以，政府的性质、中国社会的性质、他们应对西方的方式、他们要塑造现代性的方式，全都是从这个包容性的世界观出发，它并不是凡事都画出非此即彼的一条界线来。

183 黄：…… 高度有机地看待事物。

王：是的，这个说法很生动。对，它是有机的。

黄：在讨论两种实力时，实际上我们不可避免地讨论的是两种世界观。这里我们谈到，一种世界观的心态是包容性，另一种是二元性的。这种不同会导致一些误会。

王：这是个真问题。这甚至影响到我们谈及的大陆/海洋二分法。我在区分两者上是非常西式的，而对于中国人来说，二者是一回事；他们也不太明白这里面的区别。但我正在提醒我的中国朋友注意这一点，因为这是从外部而来的看法。如果你意识不到，你可能就无法把握发生在自己身上的事情的意义。

黄：我认为二元论并不一定会使事情两极分化。这取决于你如何使两极相互关联。它们中间可以有一种阴阳相生的关系。

王：整件事是浑然一体的，你不能分开而论。说到这里，想起日本这方面的例子，着实有趣，我在其他地方就没有见到有同样的事。比如在英国，海军力量是很重要的。但从来没有说海军力量要比陆军的力量优越。二者总是实力相当的。在美国，国防部门有时会发生争执，海陆军事力量之间互相较劲，但这些争执都很小。但在日本，海陆军事就陷入了大麻烦。你看二十世纪二三十年代的日本历史，他们的海军与陆军之间的对抗是真真切切的。陆军一马当先，打到了朝鲜和满洲；海军进攻了台湾并进一步南
下。他们无疑出于同样的军国主义思想，但他们看待自己 184
的方式是不同的。他们竞相争夺资源，相互之间的对抗非常严峻，彼此非常敌视。事实就是，他们无法共处。

一方面，日本的大名（领主）之间相互争斗，所以这样一来，陆军就有着悠久的历史。但是日本传统上并没有像海军这样的东西。海军力量对于他们来说是新的，而他们的新海军有着与陆军截然不同的全球视野。陆军考虑的

是拿下朝鲜和满洲，而海军却警告他们：“不要伸得太远。否则海军鞭长莫及帮不到你。我们只能护送你们的部队过海，再远我们就爱莫能助了。”海军的军力不得不另有一套思路，于是这两者从不能很好地配合。

所以在整个战争的过程中一直存在两个相反的看法。例如对珍珠港的攻袭，这个决定是陆军做出的。陆军大将东条英机下令袭击，海军总司令山本五十六意识到这么做无异于自杀，并且也这么说了。但是他还是听命出征，因为对于他来说，违抗军令是懦夫的表现。所以他不得不去。但有记载显示，他知道此去是一场灾难。这是去挑衅海军实力远远超过日本的美国人，因此日本迟早要完。但陆军不懂这些，因为他们考虑的是陆战。所以，一个国家在战事上存在两种不同的观点，结果导致了灾难。

黄：日本的海军是英国人训练出来的，陆军则是德国人培训的，这是否也使得他们在观点上的分歧更显得南辕北辙？

王：是的。而更深刻的一点是，这种分歧是海洋与大
185 陆的对比。德国人和英国人也不曾有会心的默契，现在日本人把两者的矛盾集于一身了。它们实际上是相互对抗的——大陆思维对抗海洋思维。一个国家自己跟自己较劲，在同一个内阁中，你可以想象那种泰山压顶和剑拔弩张的局面。

我不知道海陆力量在不远的将来会如何在中国展现，

但我认为不大可能出现日本所经历过的那种对抗。解放军绝对是一支大陆力量，海洋视野永远是次要的。这就引出了下一个问题：这是否意味着中国海军一直会很弱，因此不能适当地发挥作用？

依我所见，海军在中国永远会是次要的军事力量。那么它能否对付像美国或日本这样的主要海军力量、能否对付所有其他那些具备海洋思维的国家呢？无论是在钓鱼岛还是南海问题上，他们都不是用海上军事战略思维来思考的，因为中国人从根本上说不是海上力量。

这些因素甚至会影响到我们周围发生的事。例如，到目前为止，中国人甚至不能协调自己的海岸警卫队和渔政部门之间发生的事情。这个问题已经被指出过多次了。你看，他们不是从海事的角度来思维。这种混乱对于海洋国家来说是不可能的。日本就永远不会陷入这样的尴尬境地——英国或美国也同样不会。跟海洋相关的一切都是以一种特定的方式进行处理的，并且是非常系统的——清晰的部门分类、分析，并有明确的指挥链。中国人没有这些，但我认为他们现在终于开始意识到了。

黄：这似乎与中国对软实力的理解密切相关。在全球 186
背景下，由于有效的军事力量是海上力量，所以中国人甚至不可能开始对其他大国形成挑战。但是，由于有国家的支持，中国人在做生意方面步子就迈得快多了，他们的发展速度在某些情况下甚至超过了西方公司。那是中国人可以一试身手的地方。软实力被局限在了“生意场”，并成为他们能玩得最好的一张牌。

王：如果没有国家在背后撑腰，中国企业在拉丁美洲或非洲就难以为继。这让我想起殖民时期东南亚的华人移民，正好与之形成了鲜明的对比。那时候他们背后没有国家撑腰。他们要么适者生存，要么死去。没有国家作后盾，那些来到菲律宾、爪哇，或是马来半岛的福建人是怎么生存下去的呢？你不能说那是中国人的软实力。那是他们在非常艰难的环境下取得的个人成功。

想想生活在爪哇、新加坡或是马六甲的那些致富了的华人——他们是如何做到的？他们要跟荷兰人打交道，要跟葡萄牙人、英国人打交道…… 他们简直难以置信地务实和顽强。回顾过去，他们真值得我们敬佩。人们现在不怎么回味这些事，但说真的，他们真是太了不起了。他们飘洋过海，没有国家作后盾，自我奋斗取得了成功。这就是北京现在所谓的“软”的概念所欠缺的地方。

黄：这让我也想到欧洲游客的旅行，经常觉得他们像独行侠一样，勇于冒险，但其实他们有外交使节以及大众传媒等等的保护。

王：哦，对，绝对是这样！还受他们国家军队的保护……实力之令人敬畏可见一斑。是啊！

187 黄：所以每当有西方人卷到什么案子里就成了全球

新闻。

王：绝对如此。在19世纪的中国，当有中国人杀西方人的事发生时，中国政府就不得不赔款。有一桩案子是一个天主教神父遇害，法国为此出动了军队。这就是为什么我说传教活动是有国旗开路的。

黄：我担心今天的国际事务分析家们，甚至包括东南亚的学者，在研究区域及全球问题时，缺乏您这样一个大历史的视角，且未能以多学科的方式看问题。他们很容易顺理成章地陷入到“抨击中国”的潮流里去。

王：很常见的现象。我见得多了，无论在澳大利亚还是在美国。往往是一整套国际关系、战略研究及其他语言都一哄而上。尤其是如果我们读的是英语的话，今天的主流观点就是英美的。这里面自有道理。一个人被画地为牢，挣脱不得。连中国人也陷进去了。他们派出最优秀的人才、最出类拔萃的学生，去研究国际关系，然后这些人学成归来后就用那些假定的理论。

他们现在确实意识到了，并且试图从中学习。清华大学的阎学通就是一个很好的例子。[8]他被派到加州大学伯克利分校学习，对所有可以学到的新知识如饥似渴。他学有所成，美国人很喜欢他。回国后，他试图用他从西方学到的东西说服中国人。但多年来，他意识到，其所学不符合中国所面对的现实。那套语言——并不仅仅是现实的问 188
题——实际上并不能描述中国的现实情况，实际上那是针对其他某些特定的权力情况而建构的。当中国的情况不符合那套理论的时候，那套语言就会把中国人要么当成坏人，要么视为弱者、从属方，或随便什么。结果是驴唇不对马嘴，总之反映不了现实。

于是，阎学通回到故纸堆里重读中国历史。如今他正回归中国战国时期的那套语言。他想把中西两套语言结合起来，不是很见效，但他在尝试。我给他的尝试打满分。他完全是在新中国和冷战中长大的，并已吸收了那一切。现在他溯本追源，意识到有一种不同的看待事物的方式。我并不知道他会如何设法说服人们，但这一切都很有意思。

西方和中国政府都在看着他，阅读着他的著述。没人知道他会不会成功。但你可以看到他遇到的问题。整套国际关系的语言就是这样，亚洲任何研究国际关系的人都会有英美式的世界观。这是摆脱不掉的。你想摆脱，他们就立即从西方历史中引经据典，给你摆出他们论证的逻辑。我的意思是说，西方历史确实支持他们所说的那一套，但它被引申得远了些，并被不加批判地应用到亚洲来了。

即便在中国，阎学通也是一个非常有争议的人物，但他肯定是中国解释西方国际关系理论及一般政治理论的顶尖人物。从伯克利回国后，他获聘为清华大学国际关系学教授。关键在于，过了一段时间以后，他自己意识到了事情为什么不对劲，以及为什么他所说的与中国人所做、所想的不符。他有一阵子竭力想让人们明白他说的话，但很快便意识到，问题并不是人们听不懂他的话，而是他所说的那些不适于他们对事情的理解，是因为他的想法是基于西方的历史经验。189

说到这种偏见，我能想到的一个非常生动的例子，是在越战开始时，时任美国副总统的尼克松到访新加坡。我记得那是1958年，战争才刚刚开始，那时候艾森豪威尔还是总统。我们见到了尼克松，而且我实际上有个向他提问的机会。他说了一句令我印象深刻的话："你知道，以前我们有过类似的经验。我们再也不会允许出现'慕尼黑（协议）'了。必须先发制人，否则你就会追悔莫及"，如此这般。他用这样一个例子来证明打这场越战的正当性。换句话说，"我们必须阻止胡志明，否则他会成为希特勒"。原话虽不是这么说的，但这是他的潜台词。

他的话深深印在我的脑海，因我当时还说："胡志明和希特勒没有什么可比性。这可不是'慕尼黑'啊。"那么，他为什么要用那种语言呢？他真的相信他自己的话吗？我发现他是真的相信。那是他出兵进入越南的理由嘛。

但是，我和我的同伴们所理解的是——而且我们也是这么说的——胡志明只不过在为自己的国家而战，因为他感到被出卖了。胡志明不是反美，当初美国同情去殖民化运动的时候，他是亲美的。但是，当法国人该撤走的时候，美国人却要求法国人留下。胡志明期待着去殖民化，但美国人背叛了他，竟要求法国人留在越南，所以他不得不与美国人打仗。

所以他和美国人开打了，并在奠边府打败了他们。在奠边府战役之后，尼克松出面说："我们再也不能吃这种败仗了。必须停止。"所以他们力撑南越。我们听到的是他堂而皇之的理由，而这在我听来是荒谬的。他做了个错
190 误的类比，而那竟是他的想法的依据！最后结果是什么呢？美国人打了败仗。他们本来不该打这场战争的。这事本来与他们毫无关系！

今天他们又拿日本和德国来类比中国。我一直公开称此为一个高度误导的类比。他们在说："如果现在不阻止他们，他们就会像德国和日本一样，他们会成为帝国主义者的。"那就是每个在西方受过教育的人的语言，包括大多数新加坡人和东南亚人都会有这样的反应，他们会想："啊…… 是啊，就像德国的崛起、日本的崛起一样啊。"他们所断言的普遍规律就是，一个大国的崛起对于现状是一种威胁，必须密切关注和加以制止。这样的话，一旦你将此当作黄金法则来接受，那么中国人还能做什么呢？只能是动辄得咎。

黄：必然如此。

王：必然如此，怎么做都是错。这就是今天发生的事情。上述论点一直甚嚣尘上。就是以日本的崛起或德国的崛起为例，中国人无论说什么，都会陷进一个庄严的概括性的理论领域。中国人陷进去就出不来，因为他们没有替

代的理论领域来反戈一击。阎学通正遍览战国时期的文献，想从中找到替代理论。祝他好运吧。毕竟那些文献记载的都是两千年前的事了。

黄：重点大学的教育会是传授这种国际关系偏见的载体。这是软实力还是硬实力呢？

王：你看，约瑟夫·奈并没有把教育包括在软实力中。他在谈到软实力时，他谈的是电影和艺术……

黄：国家以外的那些。 191

王：国家以外的那些。教育与国家是不可分开的，它很大程度上是国家前景、国家的世界观、国家使命的一部分。教育是其中的一部分，尽管不是全部，因为每个教育制度都有自己的异见者和反叛者。但大学所提供的大部分——无论是在新加坡、中国，还是美国——都不可避免地是国家需要的人。这些人反映一种特定的世界观。这就是为什么中国的高校如今不再继续反刍他们从西方学到的东西，他们正在探索自己看待事物的方式。

说到这里，日本人的例子又是耐人寻味的。他们对于我们来说最耐人寻味，因为他们比任何其他人都更长期地处于前沿。早在150年前他们就处于前沿位置了，一直在吸收、吸收。吸收的同时，他们也在消化，并意识到他们不太适合现成的方案。但是他们错误地选择了战争。他们在进行尝试：军国主义、所谓的民主，也曾掉转过来，回归到日本人的做事方式。他们的奋斗令我感觉到，这是我们其余这些人难以避免的事情。我们的结局会有所不同，但是我们将不得不遵循同样的道路，不得不调整自己去适应一个主导性的世界观，尽管它并不符合我们的利益。我们可能会、也可能不会挣脱出来，但我们都会尝试一遍。日本人确实有些非常独特的东西。韩国人现在也开始赶上来了，并且我认为中国人会饶有兴致地观察他们。其实我认为，如果中国台湾地区有更多影响力的话，他们也会做同样的事情。

四海为家

黄：如今中国更乐于接受韩国而不是日本的东西。

192 王：是的，但这是政治使然。因为日本人在他们自己的做法上走得太远了，他们现在是太不同了，成了太独特的日本人，无人能明确地将其引为同类。他们已经变得太过特别了。然而，正如我此前提及的，技术性地说，日本与美国一样现代。所有美国人能做的，日本人都可以做到。

黄：我已经注意到，想到那些我认识的日本、瑞典的青年学生，他们有一种根深蒂固的自然科学思维模式。

王：中国人正在朝同一方向迈进。新加坡也是一路沿着科技方向发展的。但日本人有某种他们自己独特的“东西”，是新加坡所没有的。

黄：他们的审美显然是非常独特的。

王：绝对独特。他们看待世界的方式是独特的。新加坡就没有那么独特的东西。中国倒是有，但中国人曾经浑浑噩噩了一百多年，所以他们不知道该如何给自己定位。不过那种独特的东西还是存在，在某个地方。

日本人则从来没有失去过自己的独特性，他们从来没有过革命，从来没有抛弃日本的核心。他们从别人那里拿来，然后他们更上一层楼。其核心实际上被守护着，从未被丢弃。百年来中国人丢弃了自己的东西，如今发现很难让它重新运转。如今没有什么能阻挡中国人像日本人和美国人那样掌握科技。中国成为世界经济第二大国，这是他们掌握了使日、美富裕和强大的所有事物的产物。剩下的问题是，其精神、其灵魂在哪里。

黄：即我们用我们所取得的做什么？ 193

王：或我们这么做是为了什么？所做何为？“为”的是要成为现代中国人，要现代化。“现代”的一面越来越清晰，但“中国”所代表的一面则不再彰显。这是真正的两难困境。

黄：很有意思。我认为新加坡实际上也是这一调整的一部分，尽管新加坡是个小国。

王：因为新加坡有75%的人都是华人。他们与中国人受着一些同样的苦，但没有中国人的感受那么真切，因为后者所处的是中国人的国家。新加坡不是，新加坡是个看起来很像中国的多元化国家。人们期望新加坡更中国一些，但不会的，新加坡政府不会允许国家这样的。

不过，你现在可以去新加坡的一些地方，看看新加坡人变得多么中国了。旧社团正重整旗鼓。我读到过关于海南同乡会内部的争吵，潮州人更是分裂成了不同的派系。这些都似曾相识啊。而且他们所争吵的都是非常、非常中国的事情。这些都没有什么讳莫如深的。但他们所有人都具有现代技能。他们无所不能：可以不假思索地经营一家工程公司、做金融，也可以到全球各地旅行。

黄：他们了解西方。

王：绝对了解！但回到自己的地盘上打架时，就要看你姓什么了，“你姓黄，我姓王”，这不那么容易改变。再
194 说，为什么要改变？毕竟，这才是他们本来的样子：“我已经学到了所有的‘用’，但对于我目前的‘体’感觉不那么自在。我要继续探寻我的‘体’，你不能阻止我。也许我愈是掌握你的‘用’就愈有助于我找到我的‘体’。如果我对‘用’完全有信心，那么我就会找到我的‘体’。”反正这就是我看到的中国的那种想法。

黄：在文化学者中有一个深入人心的概念是“本真”(authenticity)。他们喜欢求“真”，我觉得这反映了“体”与“用”之间的鸿沟。

王：若是按本尼迪克特·安德森（Benedict Anderson）的看法，这些全部是想象出来的。本真性是人造的东西。什么是真是你自己决定的，每个时期都有自己的本真感。没有什么本质是普遍性的。大部分都是在特定时间和地点的社会建构。新加坡的中国性（Chineseness）与泰国或菲律宾的中国性不同。这是我在年轻时就明白了的，因为在我周围随处可见。

中国人有时明白，有时候不明白。他们说："如果你是那边的中国人，那你一定跟我们一样。你为什么跟我们不像呢？"这是一种情况。另一种情况是，在国内，他们明白上海人跟四川人不一样。他们将此视为正常。但如果你是新加坡人，一种对普遍性的期望就会开始起作用了——一个海外华人必须某种程度上符合中国人的标准，而一个四川人就不一定了。现在我告诉中国朋友，这是不对的。为什么我觉得我做事有板有眼的，而你却认为我的所作所为必须符合一种国家**规范**，一种不过是想象出来的全民族平均水平？你自己都不知道那是什么意思吧。

但接着他们就说："你不一样。你不可以不一样。你 195
是中国人啊。"所以，对海外华人华侨的预期跟对国内的中国人是很不同的。这事本身自有其复杂性。没钱的海外华人华侨一旦到了中国，难免被搞得自惭形秽，因为中国人会突然摆出一些他配不上的高规格来，他无论如何都高攀不起。也没有其他中国人配得上。你明白我的意思吗？

这一切都是异想天开的。所以没钱的海外华人华侨总是会被看不起。

眼下一个更为值得关切的重要问题是，我们现在有了全新的一波海外华人华侨。这新的一波会对早期的华人华侨产生什么影响，这是一个我想要弄明白的问题。这里我们说的不是十几、二十这样的数目，我们是在谈论数百万人的概念。海外华人华侨原有的基数大约是三千万人。现在我们一下大概多出来两千万新移民，直接出国了，定居了！他们正在北美、澳大利亚、欧洲、非洲，或拉丁美洲安家落户。当地人——包括原来那些华人华侨的后代——对他们是什么样的反应，这是一个严肃的话题。

当所有中国人都富裕起来、变得更有钱时会发生什么？在中国强大的情况下，某种反冲作用（blow-back）几乎肯定会在这里或那里发生。这种反冲会是什么样规模的，我无从知道。当然，西方的“挑衅”因素可能会出现。如果西方想玩这个游戏——不是现在，现在玩并不符合他们的利益——但如果玩这个游戏的结果是对他们有利的话，那么挑起非洲人或美国人抵制中国人，用马来语说，那都是 senang saja（易如反掌）。可能会产生各种各样的反响。我不知道结果会怎么样，但中国政府是否预见到这些、是否对此能有备无患呢？他们怎么样做才能防患未然呢？

196 我不知道人们是否已经想过这件事。事情还只是初露端倪，但可能很快就会展露无疑。直到 19 世纪中叶，华人华侨在东南亚都做得特别好，泰国、菲律宾、印度尼西亚、越南、马来亚的“娘惹”（Peranakans，土生华人）都做得很好。可当时的背景是香港的割让和上海等所有通商口岸的开放，华工大量涌入，海外的华裔人口骤然激增，问题也就随之而来。五十年后，种族问题依然严重。

黄：一体化进程停滞不前了。

王：继续不下去了。步子迈得太快，体量太大了。

黄：按您的预期，种族紧张局势会在不久的将来加剧吗？

王：如果有数以百万计的人口涌进来，你怎么可能避免那种情况呢？整合或融合都不可能是一蹴而就的事。往往要历经几代人，而且涉及的人数也很少。再说，现在有互联网及其他快捷的通讯方式，你可以好像从来不曾出门远行；你永远不会觉得自己真的离开过。这其实进一步减缓了整合的进程。我给你举个非常简单的例子吧，那是我头一次遇到这类情况，真的令我瞠目结舌。那是三四十年前，有难民逃出越南的时候。当时我还没意识到这事意味着什么。我遇到了一个年轻人，他正在刻录小光盘，把自
己说的老挝苗语（Hmong）录制下来，然后将录好的光盘寄 197
给老挝中部的亲人。他是难民，有家归不得，他的亲人也没有办法来探望他。但是往家里寄光盘还是行得通的。所以他刻录了这个小圆盘，还买了一部激光唱机，连同光盘

一并寄给他的亲人。他已经这样做了很长时间了。他非常直截了当地对我说："这样我就没离开家了。我虽然人在千里之外，但我的亲人和我每隔一周都会联系。我只管付两边的邮资就行了。我把邮资寄给他们，因为他们没有钱。我全包了，但这让我能跟他们近些。我从来没有离开他们。"

这还是有互联网之前。所以你看，如今没有人离家很远了。现在，我太太和我的女儿每天都通过网络相互联系。现在她们都成了信息科技通了，相互联系的方式实在太多了。她们每天都告诉对方自己在做什么。那样一来，你住在哪儿不重要了。如果再新增几百万中国人到海外生活，他们会在一个漫长的时间内继续做他们的中国人。

除非业务需要，或生存需要，或是通婚，否则他们何必要跟别人整合呢？除非你住在大城市——这正是中国人更喜欢的——否则反正也是不为人知。你在城市里可以永远做中国人。在农村就比较困难些。世界的城市化使得不被人整合变得更加容易了。在这种语境里，"不为人知"是指"不为中国人知"。

"不为人知"这个词用在这里非常有意思。不为人知能保住你的所有、你的独特性的东西。如果你想跟人打交道，你就会失去它。如果你保持不为人知的状态，你就可以有这种独一无二的感觉。过去，如果你离家远行，那就没什么好说的了。你可能就一去不回了。你只能时不时地

写写家信。想象一下明朝或清初离家的那些游子，那时候 198
人们一定觉得此去经年，相聚无期。

黄：是啊。就像当年爱尔兰的男男女女，离家远赴美国，都是一去不返的，当时的告辞都表达着诀别的心情。

王：一去不返。这就是为什么中国家庭从不远游。但总会有少小离家的人——“祝你好运。如果你做出点名堂来，就寄些钱来吧。如果能收到你的音信当然好。如果收不到你的音信，我们会这样写进家谱：‘去国，不知下落’。”有数以千计的人其实都是下落不明。当然，也有很多幸存下来，并且成了一方霸主，比如在泰国南部、马来西亚的怡保、印度尼西亚的西加里曼丹（West Kalimantan）等等。

黄：他们真是九死一生。

王：绝对是。除了被老虎吃掉，还有被杜松人（Dusuns）或伊班人（Ibans）杀害的。这样一直持续了一千多年，直到19世纪中叶世界才发生了变化。数百万中国人离开国门，政治发生了变化。中国发生了变化。现在我们正面临第二阶段。中国崛起，又有数百万人踏出了国门，但情况有所不同。对于那些传统华人华侨来说，他们不得不再次进行全面转型。

黄：眼下那些“娘惹”，即土生华人们，正在为保持他们旧有的身份打一场注定失败的仗。

王：不仅是“娘惹”，即使那些“娘惹”之后的华人——后“娘惹”（post-Peranakans）——也将要面对接下来的命运。所以我们将见证“娘惹”文化存续之战。我会告诉他们：“曾经是有过土生华人的阶段的，但现在我们处于英—华人（Anglo-Chinese）阶段，而这个阶段将与一个新的阶段较量。在这番较量中，英美化（Anglo）成分将被稀释，变得模糊起来。土生华人阶段实际上是马—华人（Melayu-Peranakan），随后是像你和我这样的华人，我们是英—华人。但下一个阶段已经来临。”

黄：一个典型的例子，就是最近娘惹博物馆的激增。

王：这是一个故事终曲的实例。英—华人不承认，但实际上那就是他们的处境。在世界的这个角落，在马来亚，我的娘惹朋友中没有一个不是操英语的。在印度尼西亚则不同。印度尼西亚的华人已经完全印度尼西亚化、归化了。他们不再讲英语或荷兰语，他们甚至已经不再是土生华人
199 了。他们现在是印度尼西亚人，他们其实几乎已经是土生印度尼西亚人（Pribumi）了。其中一些已被接纳为土生土长的印度尼西亚人。华裔这个群体整体上正在减少，剩下的人想尝试做中国人。现在的问题是，英—华人还能持续多久？我想这取决于美中关系了。只要美国占主导地位，那么新加坡的所有华人都将继续讲英语。可以肯定的是，美国的故事不仅仅是英语意义上的。“英美化”也不仅仅是指美国，它是全球性的。“英美化”不再指英、美国人。

它实际上是全球英美化，我们已发展成为全球英美化中产阶级。

某种意义上，这正是马凯硕所说的“融合”：这个全球中产阶级将为全世界制定标准。而英语会是这个中产阶级分享的一种常用语言。人们愈来愈难以避免加入到这个中产阶级中来。你可以有自己的语言，但你们所有人都会在中产阶级层面用同一种语言运作。我认为很有可能会是 200
这样。这如今已超出了美国的范围：美国人在本国反而受到拉丁裔的挑战，西班牙语如今在美国非常、非常强势。西班牙语的影响力并未覆盖全球，英语却无远弗届。事实上，现在开国际会议几乎不可能不用英语。

所以新加坡的英—华人还会持续一段时间。英—华人将会成为本地人。如果你出生在新加坡，那意味着你是英—华人。唯一的问题是，如果你会成为华英人（Sino-Anglo）的话，这一混合就是反过来的。这是一件有趣的事情：中文并不容易学，但学说中国话却不难。学习英文也是一样。全球性的英美化并不需要你英语读写流利，只要能沟通就行。英语有五花八门的各种表述方法，你可以做得到。所以全球英美化是相当可行的。

也许全球华语（Global-Sino）也已经开始形成。很多人都在学习说中文。说中文不那么难。想象一个人发音准确、不带一点口音地说中文，这种想法其实很荒谬。中国人自己都不这样要求自己，他们都有口音，每个人都有口音。

就像说英语一样，你在英国不必担心英语说得对不对，那就是你自己的语言嘛。所以中国人也是一样。如今在许多国家，操流利中文的人数增长很快，无论他们的中文带有多么浓重的口音。相比之下，新加坡现在在中文方面没有那么多优势。

但中文仍然是一种很难学的语言，所以人们学中文的欲望并不大。在美国和澳大利亚这样的单一语言国家，在英语世界，推广中文仍然会遇到很多阻力。但变化正在发
201 生。我个人以为，欧洲人学中文可能会更快。

黄：西方的高等学府已经在鼓励学生学中文了。

王：甚至在美国也是。这很是新奇。有人给我看过一些数字，显示美国一度只有五十所大学教中文，现在有大约两千所大学这样做，虽然可能水平参差，但他们提供中文课程。另一件事呢……从前美国只有为数不多的图书馆有中文书。今天，这两千所大学都开始有中文图书馆了。至少有一二百所大学拥有非常出色的中文图书馆。这是相当难以置信的。

黄：而且一切都在数字化，这使这种发展变得更加容易了。

王：的确方兴未艾。美国人有钱在这方面投资。一些国家有心这么做，但缺乏资金，于是就有孔子学院适时地出现。中国人正伸出援手，这是软实力的一部分。所以现

在美国已经有四五百所孔子学院…… 我数不过来。

黄：在我曾从事研究的斯德哥尔摩大学，中文教学现在越来越多地由孔子学院承担，由孔子学院为相关教学输送师资。

王：他们提供母语教师。当然，如果你想传授的是高深的古汉语，那他们就力有不逮了。如前所述，目前开始教的还是口语部分，是现代汉语，与文言文无关。但即使在过去，语言的传播也是口口相传的。任何语言在文字上都很难学。

中文书面文化从未在国外大行其道，但其口头文化还 202
是有的。汉语在云南和其他地方的传播就是如此，人们只是学会了口头上说。连广东人也得学说普通话。你看，口头技能很重要。

我认为英语传播的成功是通过贸易，马来语也是一样。经济实力确实具有这种软实力。例如，我一直非常感兴趣马来语如何成了印度尼西亚语言。马来语是少数民族语言，马来人只占区域人口不到4%。那么这种语言怎么会成为常用语呢？很简单，它能促成商务。有人会认为是宗教（即伊斯兰教）在起作用。但我认为即便如此也还是缘于商务，伊斯兰教也是跟着贸易走。到中国人进入印度尼西亚的时候，即郑和的时代，无论是在爪哇还是苏门答腊，马来语都已经在使用中了。到葡萄牙人抵埗时，马来语已经占主导地位了。这些情况可以在葡萄牙文的记载中看到。

马来语跨越爪哇海，普及到香料岛上。在荷兰语的数据中，可以看到这是很明显的现象。他们所到的每个港口都在说马来语。所以，商贸活动才是令马来语居于主导地位的载体。

在该地区的华人中，闽南语几乎成了通用语。在群岛性的东南亚，闽南语是华人最重要的语言；而粤语则在大陆地区比较突出，在美国及整个大洋洲及澳大利亚也比较常用。闽南话在诸岛上占主导地位，就是靠口口相传。

家为社会之本

黄：如果我非得要您讲一下“体”在中国案例中的构
203 成，那么我猜想您会从儒家的概念谈起。

王：是的，必须如此。在某种程度上说，非要将“体”与儒家联系起来未免令人遗憾。它无非就是指作为中国人这回事嘛。而它的根源就是家庭。孔子与孟子将这个概念最好地表述了出来。我喜欢孟子的说法：家庭是最自然的一种关系；生活的一切都是伦常关系。

我有没有给你讲过这样一个故事？我上的小学是一所华人学校，中文课本中试图教我们有关西方的事。课本中讲到牛顿和苹果的故事、华盛顿从不说谎的故事，还讲鲁滨逊（Robinson Crusoe）的故事。这就是有趣的部分。当我们用英文读这个故事时，读到的是英雄鲁滨逊，在一个荒无人烟的岛上幸存了下来。而中文课本虽然在讲同一个故事，结论却完全相反。它的教训是："你看，人不能单枪匹马。要做个文明人，你就必须置身于社会中，与其他人建立关系。如果你孤单一人，你就会失去你的文明、你的文化。鲁滨逊不得不挣扎求存，但这是一场失败的战斗。"其觉悟是关乎社会的，社会才是关键。所以中文课本中这个故事的寓意恰恰与西方的故事相反。我还记得上小学时的事呢！我记得我对父亲说，"这讲的完全是不同的故事"！确实抓到了不同之处。

孔子提醒我们，作为个人你什么也不是。你是谁？你是你父母的儿子、你兄弟的手足、你的孩子的父亲——这才是你之成其为你的一切，才给你了一个身份判别。家庭是最自然的单位。从家庭关系中延伸出来，你开始与其他家庭的人交往，诸如此类，最后是你的社会。但这个想法 204
并不是孔子发明的，他只是表达了出来。孔子自己总是说，他传授的并无任何新的东西："述而不作，信而好古。"这里面别有深意。

另一部影响深远的经典是《易经》，顾名思义，《易经》是"变化之书"。似乎没有人知道《易经》始自何年，它一直在流传。为什么这部书能够历久弥新？其深层次的含义是如此重要：一切都会变化——这就是为什么它被称为"变化之书"。没有什么是普遍的和永恒的。一切都会变化，一切皆可变化，这才是根本的。

所以，你生活在这样一个世界：在这里，你的关系为你提供核心，你的关系为你提供一种应变的方法。这与你无关，因为你什么都不是，但你是一个群体中的成员。

这就像太极图一样。你不能只有阴阳中的哪一个部分；两者是不可分割的。它们总是相互关联的。这不是儒家概念，这是中国概念。这个概念变过吗？即使是佛教在中国占统治地位的时期，这个基本概念也从未消失过！它一直在那里。佛教从来没有挑战过这个概念，而只是融入这种看待事物的方式。你体会得到所有部分是怎样契合的。当它们契合时，事情就成了。当两个人契合并有所分享和认同时，事情就成了。但如果单凭你自己，你能成什么事？

所以中国人就是不能理解个人主义的想法。并不是因为他们不喜欢——中国人还是蛮个人主义的——而是他们总是以家庭为重。你了不起，因为你有家人在你身后。但一个人如果无依无靠，他就没有任何意义，对于中国人来说这是不合理的。所以把个体看得神圣的想法是不可理喻的——那确实是来自一神教的想法。

205 当佛教僧侣把出家的想法带到中国的时候，中国人根本就不喜欢。所以佛教徒们不得不进行修改。中国佛教如今有很大不同，因为他们在家庭观念上入乡随俗了，否则中国人根本不会接受佛教教义。

黄：所以一个人出家为僧后，仍会有时候回家看看。

王：当然，还是认他的父母。但是，理论上你不该是这样的。你应该完全脱离家庭才对。基督徒也有同样情况。直到今天，天主教会在中国人眼中成问题的还是“弃家修道”，中国人认为这没有道理。教会说这是关乎你和上帝，然而实际情况是你与上帝之间还有一群主教和枢机主教。还是有一个组织：有个家庭坐落在梵蒂冈，而且这是一个非常强大的家庭。

黄：儒学或儒家思想中我最喜欢的洞见是“礼”与“仁”之间的那种联系。“仁”不是无缘无故的，它脱胎于礼仪的实践之中。特定的一套礼仪、一个特定社会随着时间的推移而形成的一套特定的仪式，是该社会的文明、精神、气质的基础。

王：让我再次强调，起点是伦常关系。否则根本就没有“礼”，没有“仁”。而你总得有点什么。

黄：就是要把人际相处的关系理顺，而在此过程中，“伦”与“孝”就产生了。

王：中国人在传统上对人的天性善恶存在争议。

黄：儒家两位代表人物荀子和孟子在此问题上看法不 206
一……

王：这个问题上的分歧确实在思想上产生了一定的后果，但在实践中影响不大。如果你性本善，你就会一生去捍卫和保护善。面对各种各样的挑战，都始终不渝地守护这份善。而在荀子看来，人性本恶，必须要进行教化，就是文明化，通过礼仪来规范。他的出发点更真实，是假设在一种最糟的情况下，你会“化性起伪”，转而向善。但中文里面说得不是很清楚。

有一天我问夏威夷大学中国哲学教授安乐哲（Roger Ames）他怎么翻译“善”，他于是试图用inclination（倾向）来解释这个词。人有向善或向恶的倾向。

两条路你走哪一条都有可能，对此中国人并不教条。虽然孟子和荀子说法不一，但假设你有两条路可以走，你怎么走，取决于你周围的环境和你的人际关系。你与父母、兄弟姐妹的关系，实际上可以让你做个好人或变得更好，也可以让你变坏，这取决于他们对待你的方式。如果你父亲总是打你，你也会变成一个令人厌恶的人。如果你母亲一直疼爱你，你就变得很温柔等等。

环境培养人，有助于引导天性。在后天培养与天性使然之间你不要二选一，不要争辩是培养的成分多还是天性的成分多。中国人不接受这种源自西方思辨思维的论证，无论天性与培养哪个重要些，五五开或四六开或二八开，中国人不太用这些说事。最后还是归于阴阳和合，所以事
207 情的走向都是两可的。一旦你允许，那么所有这些概念都会相互依存。无论你的“仁”是散发出来、得以发展或“失仁”，都取决于许多不同的因素。

黄：荀子和孟子都强调“礼”必不可少，无论是在“仁”的发展还是保护上。

王：对于荀子来说，你需要“隆礼”，以确保你能够“归仁”、向善。“礼”使你中规中矩，没有“礼”，你就可能为所欲为。这就是从实用上来讲。我觉得还是孟子更为乐观。他认为“仁”是“我固有之”，会自然而然地生长并克服挑战。话虽如此，我也不认为他是教条的。还是如前所述，这些说法经不住推敲，可以这样解释也可以那样解释。

在我自己以及我的很多中国朋友的思维中，“阴阳”是非常基本的一个概念。他们对非黑即白的那种思路是很不以为然的。我还记得我当年作为一个学童，曾为胡适说的一句话而很受震动。他说：“对于中国人来说，一切都是‘差不多’。”他还杜撰了一位“差不多先生”。胡适曾在西方受过学术训练，他知道西方哲学要追问的是：“这是这么一回事，还是那么一回事？”所以他告诫他的学生：“如果你的态度这样含糊，你怎么能成为一个好的科学家呢？”

这话是有道理的。数学和科学要求你必须精确，胡适以此来解释为什么中国人在科学上没能有进一步的发展。他认为，中国人有大量的机会和足够的潜力去做研发，但由于在哲学上缺乏分析思维，因此看不到明晰定义的重要性。中国人总是认为：“对，我知道有区别，但这实际上并不重要。”

黄：在社会关系中你需要含糊一点，不是吗？

208 王：此言极是！如果你尖锐，太尖锐的话，事情会变得非常困难。如果总是“差不多”，那么我们可以成为好朋友！你差不多好，我差不多坏，这样我们有商量的余地。这里我们再次看到整个社会观、世界观是如何由某些假设和前提决定的。这是中国人必学的“体”的部分，也是20世纪中国人开始落后于西方的一个原因。他们说：“是的，现代的方法论和技术取决于精确性：二加二等于四。这是绝对的，是不可改变的。”进行明确的区分非常重要，否则你无法进步。

学习现代方法论和技术是重大的决定。但你在采纳技术的同时可否不影响到你文明的其他部分？我认为中国人正在认识到这是可以做到的，正如日本人已经认识到的那样。两者可以共存，因为你的“体”回归中国的思维方式，而“用”的部分在有所帮助的同时并不改变你“体”的本质。事实上，你的“体”使你有信心去处理“用”的任何方面。所以，你因保住了“体”而充满力量。

终于，他们现在精通了“用”，他们会怎么去“用”呢？这个问题又把我们带回到如何做中国人、如何以中国人的方式去“用”的问题上——用我的话说，就是如何同时既是现代人又是中国人的问题。在很长一段时间里，对于中国人来说，做现代人就是西化，就是要模仿西方——像他们那样思考、像他们那样吃饭。用筷子就不现代，用手抓就更糟糕了。但现在，我认为，中国人已经意识到事情根本不是这样的。

大国大同小异

黄：中国和美国分别代表着您所说的两种不同的思维
方式，但是他们必须共存共处。这两种看待存在和社会生 209
活的不同方式能够找到共同点吗？

王：实际上二者正以各种方式不谋而合。那种不同并非泾渭分明。这也部分地认证了中国人看问题的方式，并非泾渭分明。是美国人想搞得泾渭分明，但现在他们正在让步。美国人已经不再那么坚持了。他们见识了“阿拉伯之春”（Arab Spring）。他们可以看到执着于一个明确的定义是不行的。解放广场（Tahrir Square）上发出的民主呼吁用的都是同样的辞藻，但指代的涵义却不尽相同。现在这种情况轮到美国人了，美国人现在的用词已经不再那么清晰了。他们已经意识到，对准确、精密，或确定性的追求适用于科学和技术方面。但对于“体”，每个人的“体”、任何人的“体”，它其实不灵。

毕竟，法西斯主义从哪里来？来自西方！他们自己的现实也不是那么一清二白的。看看种族主义的再现，比如中欧的反犹主义，一切都历历在目，未曾消失。你可以顺便做什么，可以说“这样是坏的，那样是好的”，但人们还是跟过去一样。他们不喜欢外国人的时候就是不喜欢。

他们不喜欢犹太人、不喜欢中国人的时候，就是不喜欢。

我认为美国人正在意识到这一点。你可以从奥巴马总统的措辞中体会到。他们那套政客语言已经不再那么自信了。甚至连尼克松、基辛格和克林顿也不复罗斯福或肯尼迪那样明显的自信。曾几何时，他们信心百倍。他们现在还是可以用同样的修辞，但已不复当初言之凿凿的力量了。他们现在用同一套修辞来作为其立场的大致象征，也都变成“差不多”的意思了。

或许如今就连新加坡也成了美国眼中的民主了。换句话说，他们正在软化他们的分界。记得我年轻的时候，民
210 主的定义是很清楚的：新加坡“不是”民主国家。但现在你可以说：新加坡是一种“威权民主”（authoritarian democracy），无论其意为何。他们正在改变所有的说辞，这一事实说明我们正在另一种意义上聚合在一起，因为实际上这些绝对的东西无一经得起现实世界的考验。中国人对此一直都心知肚明。

美国人现在没有力量来强推其传统看法了，所以他们必须接受现实。一旦你说你可以接受现实，那么这一过程就开始了，你就不得不接受你没有胜算这一事实。绝对的表述，就像绝对的相对主义一样，是经受不住时间的考验的。那些是极端的立场。科学家说，一切都必须是量化的、精确的和计算出来的，不能量化的东西就毫无价值，这实际上是在采取极端立场。

"中道"才是最具实际意义的。中国传统思维寻求中道。这意味着允许两者兼而有之，而你推动的方向则取决于具体情况。要我说，纵观中国历史，中国人根本就不寻求极端立场。当他们指出极端立场时，他们是拿它作为标记："这就是极端了，是你不想走到的地步，离它远远的。"

中国人也不是纯粹的相对主义者。例如，纯粹的相对主义者可能会说"没有神"。而传统的中国人永远不会说"没有神"。他会说："可能有，也可能没有，但这有关系吗？对于我来说，有时有关系，有时没关系。当有关系的时候，我去祷告。没关系的时候，我就忘掉。"

如果你今天全球性地看政治学，那么中道就是一种常见的做法。如今一切都事关中道。如果你想在民主政治中胜出，你必须寻求中间立场。无论是茶党运动还是纽约出现的绝对自由主义，采取极端的立场都无法赢得多数。所 211
以，到头来，美国人和中国人有什么不同呢？我相信没有太大不同。

注 释

1. Wang Gungwu, "Getting China to Play by the Rules", *Straits Times*, 12 February 2013.
2. 参见 Central Intelligence Agency（美国中央情报局），*WorldFact Book*（https：//www. cia. gov/library/publications/the—world-fact-book/rankorder/2108rank. html）。

3. 编者按：G2（Group of Two）指两国集团，是经济学家伯格斯坦（C. Fred Bergsten）于 2005 年提出、奥巴马任内使用的一个术语，指中美两国之间的非正式特殊关系。

4. 编者按：2016 年 3 月，昂山素季出任缅甸外交部、总统府事务部两部部长，同年 4 月出任新设置的相当于总理的国务资政一职。昂山素季掌权后，继续执行务实的外交政策，与美、中、印等大国保持良好关系，尤其寻求与中国的区域合作，支持中国提出的"一带一路"倡议。2016 年 10 月开始，缅甸若开邦北部的罗兴亚穆斯林与当地佛教徒发生冲突，缅甸军方对罗兴亚人进行镇压，数十万难民逃离缅甸。昂山素季政府对此人道主义灾难的漠然态度受到西方国家的普遍谴责，因此缅甸的外交重心更加偏向中国和印度。

5. 太平天国是最为声势浩大的一场反清起义。由客家人洪秀全领导的这场起义从 1850 年一直持续到 1864 年。捻军起事始于 1851 年，终于 1868 年。云南回变（穆斯林起义）始于 1862 年，1873 年被打败。1862 年，西北各省也爆发了回变，一直持续到 1873 年。参见 Jonathan D. Spence, *The Search for Modern China*（New York：Norton，1990）。

6. 参见 Joseph S. Nye Jr., *Bound to Lead*：*The Changing Nature of American Power*（New York：Basic Books，1991）；*Soft Power*：*The Means to Success in World Politics*（New York：Public Affairs，2005）。

7. 阎学通，现任清华大学国际关系研究院院长，《中国国际政治》（*The Chinese Journal of International Politics*）期刊主编。他于 1992 年在美国加州大学伯克利分校获得政治学博士学位。

第五章

陆海力量的结合

彼此扭曲的镜像

黄：历史上，欧亚大陆的西部边缘和东部边缘相互对峙，隔着令人望而生畏的浩瀚文化和广袤的地理距离，彼此看待对方的印象都是色彩纷呈而又混乱不堪的。作为彼此的“他者”，每一方都是透过高度扭曲的夹心文化（in-between cultures）的过滤器来感知对方的。 213

王：这两个边缘，西欧和中国，隔着广袤的大陆遥遥相望，其意义非常重大。他们彼此互为他者，所谓“他者”即处于另一端的所有一切。由于各处边缘，他们不曾有过直接接触。以致如今，在全球化的时代，两边仍然表现出过去残留的思维。我们还是在谈东方对阵西方，而西方仍然对“西方对阵其余世界”这样的概念津津乐道。但是，这一切也应该提醒了我们，核心对于他们是多么重要。
核心在同一时间过滤和渲染了另一边的一切。今天，一切 214
都已改变，世界现在真是圆的了。美洲已经大为改观了。美洲涵盖了欧洲，也包括了东亚。例如，我们有北大西洋组织，有亚太经贸合作组织。大陆的两个边缘相遇了，视角发生了变化。边缘现在拥有了全球主动权。

在我撰写有关两洋地中海（Two-Ocean Mediterranean）的文章时，我想指出的是，地中海扩展到大西洋，使那里成为第二个地中海。欧美控制了这个地中海，进而这个地中海控制了世界，扩展到了印度洋，然后到太平洋。这种扩张一路延伸到了大陆的另一端。与中国、俄罗斯…… 或许还包括印度等国接壤的海上联系形成了。虽然印度不太确定它自己是海洋世界的一部分还是大陆的一部分。

中国在本质上很明显是大陆的。为了在海洋性的全球世界中图存，它必须有一支海军。但在知道对美国望尘莫及的情况下，中国其实只是一个想具备足够海洋实力的大陆国家，而它这么做只是为了保护自己免于海洋性全球世界的威胁。它不得不依赖海洋世界，因为贸易取决于海洋。

215 无论如何，一股力量已成弧形环伺在大陆周围。印度不太可能跻身其间，但印度尼西亚是可能的，所以中国人拼命地想把印度尼西亚留在自己一边，好让这个弧形不要完全封闭。如果马六甲海峡、巽他海峡和印度尼西亚能大致上保持中立，那么中国人就有机会。如果这个弧是封闭的，那么中国真的会有麻烦。

无论以何种方式看待冷战，冷战的最终胜利都是通过把苏联限制在大陆上获得的——绝不让它逾越大陆。苏联最后就这样窒息了。中国也正是由此而认识到他们必须拥有海军。

黄：在打破历史性的海上封锁过程中，中国历尽重重困难，这是否是中国投资太空项目的主要原因？

王：是的，他们对此心里有数。但是，人类的生活依然是脚踏地球的，并将保持海洋性。全球性是海洋性的。这是你无法摆脱的。如果你接受了这一点，那么一切都好理解了，反正在我看来是这样。

黄：北部冰冠的融化是否会跟我们的话题挂上钩？

王：这件事应该是美国、加拿大及俄罗斯关心的。至于中国，它该关心的是要能穿行印度洋这样的地方，除此以外没有别的。

黄：非洲在这一切事务中扮演什么角色？

王：非洲永远不会成为一股强大的大陆力量，所以他们不会对别人构成威胁。没有任何非洲国家有海上实力可言。它们将继续扮演下属的角色，因为它们发展不出陆海兼备的实力来。它们将继续在两个竞争对手之间发挥一定的作用，而这对冤家就是身为老大的美国和相较而言稍逊风骚的中国。

这条美国之弧将大西洋与印度洋连接到了一起，并向北深入波斯湾。中国人对中东感兴趣，因为那里是核心的延伸。伊朗也是中国的兴趣所在，因为如果伊朗不是上述
弧线的一部分，那么它确实能让中国如释重负。如果伊 216

朗——还有阿富汗——成为这个弧线的一部分，那么中国面临的局面就会更加严峻。

伊斯兰大陆势力

黄：伊斯兰教在一千多年前非常成功地渗透到了中亚。所以在后来的几个世纪，出自中亚的很多东西都是打着伊斯兰教的旗号，不是吗？

王：由于蒙古人突厥化的转变，伊斯兰教成为大陆核心的一部分。伊斯兰挺进俄罗斯，挺进东欧，并进入地中海，与地中海南部沿岸的阿拉伯世界连成了一片。他们也闯入了伊朗和印度。这是大陆力量伸展到海洋的最具凝聚力的表现。俄罗斯人其实成了抵抗伊斯兰世界的堡垒。在彼得大帝时期，他们力挽狂澜，想控制住欧亚核心，以免于伊斯兰世界的侵蚀。在某种程度上他们确实赢得了这场核心之争。现在的欧亚核心当然包括许多俄罗斯文化的特质。

历史上，阿拉伯伊斯兰世界曾一度从北非一路延伸，一直越过突厥地区进入新疆，并进入俄罗斯的大部分地区，一直到印度洋的沿海。这一阿拉伯核心的巩固将欧洲人进一步推向了边缘。欧洲人进行了反击，但失败了。古希腊—罗马帝国曾经控制过地中海，但后来又失去了，而他们对海洋的控制是四分五裂的，直到今天仍是如此。十字军一次次东征，都未能将穆斯林赶回去。但只有当这一问题被现代海洋力量重新定义时，欧洲人才可能克服这一持续不断的压力。随着全球经济的发展，他们终于可以限制住这股来自东方的势力。最后一场战役是在底格里斯—幼 217
发拉底河的新月沃土上，而在过去的半个世纪里，这一切就发生在我们眼前。英美两国仍在通过以色列试图控制这个世界。这场角力还会持续一段时间。

黄：我一直在想，为什么英国广播公司（BBC）在国际广播中总是对中东这么关切。

王：非常关切！对于欧洲人来说，东方就是从那里开始的。古希腊人定义了亚洲，而西方一直保留的东方视角是以博斯普鲁斯海峡为起点的。古希腊—罗马文明，以及基督教，都与此相联系。耶路撒冷在那里，岿然不动。所以西方的主要故事一直是从那里生发出来的。

正因为中亚世界与地中海的伊斯兰世界密切结合在一起，所以这个核心曾是非常强大的。其实从深层来说，情况一直是这样。即使在巴比伦和埃及文明的时代，中亚、北非海岸和地中海之间的联系也一直存在。地中海是中亚核心伸向大海的一个出口的。原来是以古希腊和罗马为出口，但伊斯兰教提供了中东和中亚之间、大草原和沙漠之间的连接。随之，欧洲人被进一步推向边缘，与富庶的东方一刀两断。

从那时起，他们一直在寻求突破穆斯林封锁的对策。

十字军东征前赴后继，以付出了很多生命为代价，直到奔向了海洋，欧洲人才终于有了突围的机会。

黄：沿着北欧海岸，活跃于海上的北欧维京海盗向南
218 乘风破浪，令人闻风丧胆，在历史影响上，其声势或许与地中海源远流长的北向推进发生过重叠。不知这是否影响到后来的发展？

王：我个人对维京人的感觉是，他们处在边缘，比其他很多人都更边缘。像其他边缘人一样，他们想渗透到欧陆地区。但他们没有真正的机会去做到这一点。他们人数不够多，并且优势在海上。到他们有心去做的时候，他们已经太边缘了。在陆地上，他们没有用武之地。

在俄罗斯和乌克兰有少量瑞典人。但他们无法在那里立足。非常坦白地说，他们就是人数不够多。他们想到地中海去，但同样是太远了——远隔千山万水。诺曼底是他们所能企及的最远距离。他们想做的正是几百年后葡萄牙人所做的事情，就是挺进到海上。但他们地处太靠北的位置，他们不断挺进冰岛、法罗（Faroe）群岛、格陵兰，以及加拿大海岸。那里的海洋经常处于冰封状态，所以他们的登陆和旅行很大程度上局限于北部地区。但他们还是往海上走了相当远的，这一点毫无疑问。他们是先驱者，但再次表明身处边缘就是鞭长莫及。

日本和中国人也曾试图从太平洋海岸线上伸展出去，但那里没有什么值得他们冒生命危险去探求的东西。

黄：维京人如今在一般人的印象中只不过是些野蛮人。

王：我认识几位了不起的维京学者，他们挖掘过维京
人的坟墓一类的东西。他们说这些人肯定不是野蛮人。维 219
京人有他们的宗教信仰、他们的仪式，以及强烈的社会感。
某种意义上，他们是想办法做生意的生意人，但由于他们
人数不多——这算是个理由——航行得愈远，他们一得手
就跑掉的情况就愈多。在地中海上出没真的太难了，但他
们不得不努力到达那里，因为那里对于他们来说是文明
中心。

黄：他们设法建立的定居点经常是作囤货之用。

王：那已经是他们竭尽全力所能做到的了。凯尔特人和盎格鲁—撒克逊人对他们来说太难对付。所以直到“征服者”威廉一世（William the Conqueror，1028－1087）在 1066 年击败了新加冕的国王哈罗德（Harold），他们所能做的只是在边缘进行蚕食。他们肯定很想大有作为，但势单力薄。数量在历史上是举足轻重的。无论对于民主还是专制政体来说，数量都很重要。

黄：拿我们这个地区来说，印度尼西亚就一直因此而举足轻重，如果不是由于其他什么原因的话。

王：你还记得吧，拿破仑曾问道：“教皇手里有多少军队？”看看他是多么不把教皇的权力放在眼里。

美国大陆

黄：您能评论一下美国内战，及当时南北之间在经济、意识形态方面的差异吗？这些跟我们关于大陆和海洋的讨论有没有相关之处？是否南方为大陆性的文化，而北方则不是呢？

220 王：喔，北方人（Yankees）与邦联派（Confederates）那时都成了大陆属性的。他们当时正在大陆上角逐。一旦越过了阿巴拉契亚山脉，你就是大陆人。在两百年的时间里，从第一次落脚到内战爆发，美国人都是靠海而居，本质上是海洋属性的。他们那时候还是大西洋住民。往内陆纵深发展，就需要时时与土著开战。但是，一旦工业革命开始，先进的枪支生产出来了，游戏就改变了。

狂野西部（Wild West）的历史可以用武器的进步来丈量——枪型愈来愈好用，无论是六响枪还是自动步枪。他们总是比那些从定居者手里买枪的土著领先一步。很快，英格兰的定居者们就开始在美国土地上生产枪械了。

于是，内战成了首次以现代方式进行的战争，是正面战场和游击战的混合体。在欧洲，战争在传统上就是要面对面短兵相接，这种情况一直持续到拿破仑战争，甚至直到法德战争时期。两军对峙，你死我活。在第一次世界大战中，这种传统的方式曾导致战争陷入了胶着状态。美国内战的打法则不尽相同。当寡不敌众时，邦联军就对北方的联邦军队成功地展开了游击战，迫使北方军也采取类似的策略。所有短兵相接的交火都造成了灾难性的伤亡。双方都使用了最先进的武器装备。在此期间，军事工业蓬勃发展。南方军备相对不足，不得不从同情南方的英国人那里购入。他们最终失败了，因为他们的武器比较粗糙和低效。

南方邦联派的观点是，北方军获胜凭的是技术，而不是因为他们更骁勇善战："南方是为了事业而战，而北方则出于见钱眼开的贪婪。"这话还是有一点道理的。北方佬是资本家和实业家。钢铁仍然是工业革命的基础，而所 221
有钢铁厂都设在匹兹堡和宾夕法尼亚州。最复杂的军工制造从一开始就设在纽约和新英格兰。所以在某种程度上，北方的胜利是工业革命技术战胜农业世界的胜利。但这场战争是很具大陆性的，它不同于英国自"征服者威廉"以来打过的那些海战。

黄：美国有个传统叙事，在大众文学和好莱坞公路电影中显而易见，是关于城里人进入乡野，遇到行事古怪的人，惹来麻烦的。这与西部被打败了是否有关系？

王：对西部的征服，从很多方面来说，是由战败的邦联士兵实现的。在失去家园后，他们就往西部去了。许多所谓的牛仔都是南方人。北方人提供了资金，修建了铁路，创建了邮政系统，绕海岸航行到了旧金山，并输送了律师和政客——都是些衣冠楚楚的家伙，就是这样。与此同时，马背上的人们，像比利小子（Billy the Kid）那样一路向西打打杀杀的人，是南方人。开赴得克萨斯州、把墨西哥人赶出去的正是他们。也正是这些得克萨斯人，进入俄克拉荷马州，穿越了落基山脉。

北方人出主意、出钱，但出力、出战的是来自南方的人——特别还有印第安人。这是美国军队至今在很大程度上由南方人构成的一个原因。他们比北方人更有准备加入陆军，而北方人较为倾向于加入海军。无论哪里开战，南
222 方人都不介意卷进去。无论在奴隶制时期，还是后来在占领印第安土地时，武装冲突都是常态。[1]

北方人用钱铺路。他们为基础建设提供资金，资助牛仔们互相争斗，把牛引进到芝加哥。芝加哥产的牛肉运送到纽约，然后到了欧洲。所以资本主义最终比奴隶制更具活力。它摧毁了南方的种植园经济。那时候，资本主义是海陆的结合。到了内战时，南北双方都已开始进入大陆。伴随着源于工业革命的技术，北方人的海陆组合被证明更有效。

在某种程度上，是技术打败了比北方人更团结、更勇猛顽强的南方人。南方军队士气高涨，所以北方的胜利绝不是必然的。北方硬着头皮坚持打下去，因为最终他们已经输不起了。他们并没有南方邦联军那么团结一心。

中亚核心的终结

黄：您几次提到，直到现代时期，中亚核心才真正遭到摧毁。我对于该地区推行斯大林的民族识别（ethnic classification）工程感到讶异。此事在破坏核心的完整性方面起了什么作用？

王：我对斯大林的解读是，他继承了一个遍布整个中亚的俄罗斯帝国。彼得大帝（1682—1725）和叶卡捷琳娜大帝（Catherine the Great，1762-1796）这些统治者将哥萨克人和鞑靼人遣往西伯利亚，到达了太平洋。他们希望巩固自己的核心地位，以俄罗斯为核心。这是一种以牙还牙的行
为，因为当初蒙古人和突厥人进军俄罗斯，蒙古人进入北 223
部，突厥人深入南部，令俄罗斯人成为受害者。莫斯科近乎被抹去，所以他们明白，核心在战略上至关重要。他们实际上是核心的一部分，但曾被更强大的民族主导。所以这时他们想拓展自己的角色。如果他们是核心，如果欧亚大陆完全属于俄罗斯人，那他们就可以控制世界。这是我对彼得大帝的理解。当时俄罗斯人正在吸收西方的技术，为的是克服核心，确保不失，永远不要再成为受害者。

斯大林只是继承了这一遗产。他想确保俄罗斯人能在中亚地区坐稳，并使中亚地区的其他国家成为俄罗斯的小兄弟。斯大林不是俄罗斯人，而是格鲁吉亚人，他对保护

格鲁吉亚人和高加索人很用心。对少数民族的承认当然是一种进步的思想，是马克思列宁思想的一部分。它是现代的、世俗的和包容性的，能够使苏联成为更强大的俄罗斯。沙俄是脆弱的，那些突厥国家总会变得咄咄逼人，将其合并到苏联中来能尽量减少这种威胁。然后，斯大林就会借助技术继承俄国帝制的遗产，明确以俄罗斯为核心——作为全世界的核心。

我认为，海洋国家实际上就是基于同样的理解而开始了冷战。这场战争事关中亚核心与海洋国家谁能胜出。这一核心现在是共产主义，也就是说核心落在了他们最大的敌人手中。这些边缘再次受到威胁，这个威胁来自受到某种普遍原则激励的核心政体。

黄：如果中苏两个共产主义巨人设法团结起来，那么他们所形成的强大的大陆力量就有机会同时成为海洋力量，就像美国一样。

王：18 世纪之后所发生的事，是在工业革命带动下海洋性全球经济的出现，它为大陆力量创造了截然不同的条件。正如我所说，全球性即海洋性。只具大陆性的力量是无法像美国那样发挥全球影响力的。这是人类一个历史篇章的尾声。在过去两个世纪，在工业革命开始之后，纯粹大陆性的力量实在是不够。

这时，俄罗斯人就是无法突破这些牵制。他们的海是
226 北冰洋。在每一面——波罗的海、地中海、博斯普鲁斯海

峡、黑海，他们都被挡住了。只有海参崴这么一个小港口为俄罗斯帝国服务。如果全球性是海洋性的，他们怎样才能具有全球性呢？他们需要中国。他们当然想守住旅顺港，还有大连。事实上，1950年代初，中国人不留情面地逼着苏联人离开旅顺港。苏联人极不情愿离开。所以我会说，俄罗斯拿下整个西伯利亚的这一扩张行动，实际上是这个大陆故事的最后一声叹息。

那以后的局势一目了然，全球性的力量必须是海陆兼备的。不列颠的帝国历史很快就会显示，没有大陆力量，海上力量就不能持久。俄罗斯的经验则表明，没有海军，大陆力量就走不远。

还能做什么？如果你想扬威全球，那么平衡两种形式的力量似乎是唯一的出路。这是美国实力的基础。而今世界上唯一一个还能够具备如此气魄的国家就是中国。不过，美国的大陆边界上没有与之存在纠纷的潜在敌人，但中国有。这是美国了不起的历史优势，而且这个优势是永远的。中国就没有，它与俄罗斯及其他中亚国家、印度及东盟国家有绵延八千多英里的陆地边界，因此永远为之所阻挡。整个领土边界安全并不牢靠。

中国在海上的力量一直受到其在陆地上的脆弱性的制约。美国则不受这样的制约。美国的优势不仅仅是地理位置上的，是陆上安全、海上保障，以及网络和空中力量的结合。这些组合在一起，使美国天下无敌。而中国人在这些方面却比较薄弱。

227 黄：而且美国的海洋力量朝着不止一个方向施展。

王：是的，美国向东边和西边两面出击。在陆地本土上，他们不会受到任何威胁。他们或许会自毁，但不会是由于中国人的缘故。

注 释

1. 有一本与此话题相关的书，James Webb, *Born Fighting*: *How the Scots-Irish Shaped America*（New York：Broadway Books, 2004）。它（或许是太过热切地）试图通过引述苏格兰—爱尔兰人及其对英格兰人的长年的抵制，来解释南方文化及其生活态度和价值观。

后记

重新审视当下

当一部世界史能够力透纸背的时候，它能让读者对当 228
下的重新审视具有实质意义。虽然一个好的描述历史的方法可能会尽量回避预测未来，但它仍不可避免地会暗示未来的发展趋势。

我与王赓武教授的讨论一般不会纠缠于话题所涉地区的细节。他的见解独到而新奇，确实重新激发了我童年时对人类往事的兴趣。在完成这部书稿后，有几个月里我一直在废寝忘食地查阅历史书籍，迫切地想深入了解王教授启发我关注的话题，以满足我被重新唤醒的好奇心。我现在比以往任何时候都更深切地意识到，当历史得到适当诠释时，过去能对我们把握现状产生多么大的影响。

总结起来，我们的对谈一直围绕着几个关键的知识点。主要的论点是，在绝大多数世界史版本的认识中，有个主角往往缺席，尽管它在冰川时代以来就曾对人类历史影响巨大。这个主角就是中亚，其建基于草原的社会经久不衰，具有特殊的活力。

229 欧亚周边各地区在很大程度上曾经彼此隔绝，文明史往往是由他们分头各自书写的。不足为奇的是，他们的叙事并非总是互为补充。正是因为有像王教授提供的大胆的视角，我等年轻学者才得以悟出，那些分头书写的历史并非彼此毫无关联。事实上，它们是动态相连的，尽管并非总是以直截了当的方式。在全球化时代之前，由于缺乏实证的全球视野，对全球史的书写其实是不可能的。即使到了晚近时期，大多数撰写全球史的尝试也是出于意识形态或民族优越感而建构的。但通过讲述围绕中亚的创新及其扩张主义的人类政治史，王教授为我们描绘了一幅栩栩如生的画卷，令千年往事一目了然。在我看来，这种教诲方式简直是令人叫绝。奥卡姆剃刀（Occam's razor），即偏好假定最少的简约式科学方法，在他手上游刃有余。

弗朗西斯·福山（Francis Fukuyama）在柏林墙倒塌后宣称“历史的终结”时，他是在曲解人类历史上一个阶段的终结，尽管其无疑是一个延长了的阶段。[1] 1990 年代以来历史的延续证明了这一点。历史尚未结束，只是正在进入一个新阶段，在中亚最终被其周边诸多文明群起而征服了以后。

殖民主义时代

过去五百年来，历史上饱受围困的欧洲大国成功地与其余世界调转了位置，将我们带入了全球殖民主义时代。这给我们酿成了两次血腥的世界大战、一场冷战，以及数不清的社会和政治革命，并将世界秩序重整为民族国家。它还发展出如今遍及世界的资本主义生产体系。有意思的 230
是，随着第二次世界大战后殖民主义的式微，以及宏大的意识形态斗争在 1990 年代初的结束，我们开始看到欧亚大陆其他主要边缘的崛起，如中国和印度。全球政治和经济力量的多极化已迅速成为我们这个时代的新构想。这实际上是本书第二个有力的断言：人类已经步入了一个全新的阶段。西方边缘的胜利——以及，随着时间的推移，整个边缘作为一个整体的胜利——显然在这个意义上是相当彻底的。

一些学者可能会争辩说，文明受到中亚诸多民族的阻滞。但反过来说也站得住脚，那就是，在某些情况下，正是出于抵制中亚的需要，边缘的住民才达到了他们所企及的文明高度。例如，费尔南德·布罗代尔（Fernand Braudel）认识到这些边缘在远东历史上所扮演的重要角色，特别是在印度和中国的历史上所起的关键作用，尽管他更倾向于将这些游牧社会归类为对世界历史的干扰而非正面力量。看来，他对中亚的狭义定义使他无法认识到，同样是这些民族，不仅在东亚和南亚，还在地中海和整个欧洲，以不同方式一直在发挥变革性作用。[2]

与此同时，与旧的历史阶段的决裂不会是一刀两断的。

毫无疑问，信马由缰、奔突驰骋的游牧民族，在欧洲人、印度人、中国人，及许多其他民族的心中留下了茹毛饮血的千年创伤般的影像，将会在未来的几十年里继续影响国际关系，污染人际纽带，左右决策者们的思路。欧陆由来已久的政治动力分化了不同区域，使诸文明之间的不信任和敌视持续存在。不过，本书对此所提供的更丰富的理解，可以减少这种有害的遗产。

231 随着航海技术的进步，欧洲人设法横渡海洋，打破了古代来自东方和南方的敌人对他们的束缚。中亚势力的扩展无疑是全方位的，但东亚和南亚人并没有想到要横渡海洋来解决这个一直存在的安全困境。上千年来，中国人一再重建和修缮长城，政治焦点一直保持在西向和北向，尽管其经济基础转向了温暖潮湿的地区。明朝早期郑和下西洋的远航是个例外，但是最终还是因朝廷偏重内陆防务而取消了航程。鉴于接下来以满洲形式入侵中国的力量确实来自内陆，取消远航是有道理的。

印度次大陆或许曾有喜马拉雅山作为天然屏障的优势，但这只意味着外敌的入侵转而压缩到了狭窄的西北通道，一波接一波地，途经今天的巴基斯坦、阿富汗和伊朗。流动的侵略者很容易西进到美索不达米亚和小亚细亚，朝向埃及和地中海。

有意思的是，20 世纪的中国和印度民族主义者扼腕于他们自身的文明无法抗拒欧洲殖民主义者，将此归咎于那些最后的中亚征服者们——这也表明这本书所采用的视角是多么地有说服力。在印度，莫卧儿征服者是穆斯林这一事实，在政治上成为一个突出的反抗的理由，正如发生在欧洲东部和南部前沿的情形一样。在远东地区，在中国人推翻满清的过程中，宗教没有起过作用。无论这种“谴责游戏”（blame game）的战略内容如何，这种现象本身确实提醒了我们，中亚的国王和可汗们其实是多么强大，他们的武士阶层曾是多么行之有效。

从 1260 年忽必烈可汗将蒙古帝国扩张到覆盖整个中 232
国，到 1911 年满清王朝垮台，在长达 650 年的时间里，汉人当权主政的时间只有 1368 年到 1644 年，即存在了 276 年的明朝。就在满人粉碎了明朝抵抗的最后一搏（1683 年平定台湾郑氏）之际，在印度，阿克巴大帝（Akbar，1556—1605 在位）奠定的莫卧儿帝国在其曾孙奥朗则布（Aurangzeb，1658—1707 在位）治下变成了一个伊斯兰国家。随之是奥朗则布衰败而混乱的漫长统治，从而留下了一个权力真空，在 18 世纪末被英国东印度公司填补上了。[3]

又过了半个世纪，现代的坚船利炮迫使清帝在第一次鸦片战争（1839—1842）之后向欧洲贸易商开放主要贸易口岸。直到这时，中国才切肤般地感受到了英国的军事力量。

在欧亚大陆的西部边缘地区，1453 年君士坦丁堡的覆灭为作为穆斯林的土耳其人提供了新的立足之地，由此，针对欧洲的有效的军事行动得以展开。经过数十年在地中海的海战，直到1580年，基督教欧洲和伊斯兰世界之间的分界才得以划定。这一界限至今依旧。

作为穆斯林的摩尔人在西班牙的存在于1492年终结。同年，克里斯托弗·哥伦布航海抵达美洲，发出了征服新世界的讯号。他们很快还征服了“旧世界”的大部分地区。

扬帆出海

233 对谈中所产生的第三个发人深思的观点是，在现代时期，全球性是海洋性的。尽管对海洋的征服是新发展，但要解决中亚这个像人类文明本身一样古老的问题，征服海洋是个非常有效的办法。海洋冒险主义和技术创新的出现，是要应对不时扩张、威胁到周边文明的茹毛饮血的中亚势力。由于种种原因，这种创新将欧洲联合在一起了。哥伦布横渡大西洋迄今已经五百多年了，人类在政治思想和组织方面都已发生了很大的变化。在欧洲的文艺复兴、宗教改革，及启蒙运动所催生的许多创新的帮助之下，海洋力量已相当成功地制衡了以大陆为基础的军事力量。

今天，全球权力的平衡仍然有利于西部边缘，包括美洲。如果从王教授的角度来理解美国的权力基础——这就带出了我们对谈中揭示的第四个要点——原则上来说，美国是坚不可摧的。这个大国不仅拥有举世无双的海军，而且其陆地边界完全是安全的。美国的这一优势令它的任何潜在对手都望尘莫及。

路遥知马力

在完成本书之后，我意犹未尽地在两个领域展开了进一步的研究：首先是马匹在中亚发展中的作用，其次是源自中亚草原的人群与文化，特别是在史前时代。

对于任何梦想着出奇制胜征服远方的军队来说，他们需要拥有长途行军的有效而可靠的方法，特别是穿越蛮荒之地的方法。在海上，拥有稳健的船队、国家的支持，及导航技能，这一切使得伊比利亚王国（西班牙和葡萄牙） 234
成为首先环球航海、掠夺和对新世界进行殖民的国家。17世纪初，随着西班牙及葡萄牙人失去海上优势，他们也各自失去了维持其帝国的能力。荷兰和英国这样的后起之秀取而代之，获得了以其自身规模原本不可能达到的财富和权力。而在陆地上，调遣战士长途跋涉、东奔西跑地打劫和突袭，这一切都需要驯养马匹。若非早期成功驯化了大量动物，中亚是不可能对世界产生这么大的影响的，其中至关重要的非马匹莫属。骑兵是无与伦比的创新。手挽威风凛凛的弓箭，骑兵成了敌人的梦魇。战车似乎是三千多年前在欧亚大陆出现的，很快就随着印度—雅利安人（Indo-Aryan）的迁移传到了印度次大陆。战车在中国的出现是在约公元前1200年的商朝末期，与皇家狩猎现象有关，显然以伊朗高原为中心，覆盖了邻近的地区，如“美索不达米亚、小亚细亚、北印度，和外高加索”。这种狩猎活动也见诸中国西部地区，那里有“狩猎犬、精良的马匹，和猎鹰”。[4]战争武器和狩猎的器具当然是密切相关的，早期冶金术的改进更使之如虎添翼。

> 在旧世界，（弓）有两种主要类型：欧亚大陆东部地区的复合型或反曲弓，以及欧亚大陆西北的整片弓又名“单弓”（self-bow）。两者都广泛应用于狩猎和战争。[5]

235 有意思的是，尽管马这个物种被认为是从美洲进化来的，但早在大约九千年前它就已在美洲绝迹了，虽说它捱过了冰川时代。马是在中亚驯养起来的，而一旦被人类驯服，马就给人类历史的发展带来了极大的影响。

马被驯养起来据信是在约公元前4000年，在今天的乌克兰一带。马用于骑行始于约公元前3700年。草原牧民出现在公元前2000年以前，在草原上放养大片牧群，并进行季节性的迁徙。从游牧和狩猎，到四处打劫、杀人越货，对于这些马背上的人们来说，只是迈了一小步。[6]

> 游牧者策马扬鞭，纵横驰骋，其马力威慑天下。他们行踪不定，如云中的闪电劈雷，令其受害者闻之丧胆。历经千年，他们的征战模式几乎没有什么变化。[7]

在《大转型》（*The Great Transformation*）一书中，凯伦·阿姆斯特朗（Karen Armstrong）认为，欧亚人民曾利用他们从北印度和美索不达米亚学来的技术进行残酷而又无休无止的战争，后来的轴心时代（Axial Age），即普世主义伦理遍及世界各地的时期——便是对此的反弹。他们用来自亚美尼亚人的青铜武器把自己武装起来，骑着驯服的战马，挽强弩射大雕，开始享受“灵活机动性的果实”。

> 暴力在草原上前所未有地升级。即使是一心只想图个清静的比较传统的部落，为了自保也不得不学习新的军事技术。英雄时代开始了。强权即公理，胜者为王，吟游诗人颂赞着侵略、胆大妄为的勇气和军事威力。[8]

正如王教授的叙述所揭示的，核心不仅限于建基于中
亚的社会。沿着欧亚大陆的东部边缘，在中国，农牧民之 236
间的分野表现得最明显，地理分界也是显而易见的。考虑到地理、政治和历史上的差异，以及我们的话题所涉时期之漫长，城市住民与游牧民之间的一系列混合已全方位地形成，并且必须得到承认。

那些迁离了中亚的人民，他们对这一核心地区的态度及文化的亲和力有待进一步研究。迟至17世纪晚期，很大程度上已经汉化（Sinicized）了的女真族在征服了中国、改称为“大清”之后，仍决定禁止所有汉人进入满洲。这是为了保障满人对其原始土地的使用，为了尽可能满足他们

日益增长的维持草原放牧生活方式的需要。这种对维系着文化的广阔原野的依恋，以及对中亚骑马狩猎的生活方式的依附，全方位地见诸迁徙潮和军事行动中。

王教授勾勒的世界历史中最后一个发人深思的要素，或许也是最重要的一个，是帝国主义政治与本土政治之间的区别。除了民族国家、海洋力量和科学技术，定义现代时期的要素还包括权力自下而上这一想法，也就是我们广泛理解为民主的东西。这是一种在古雅典和日耳曼部落风俗中就已存在的东西，而且并不仅止于上述两者。它同时也是贸易城市趋于向人们灌输的意识。

随着大陆力量被海上力量遮蔽，政治合法性的分权化
237 (decentralization) 成为人类历史新阶段的特点。如今，权力既有自下而上也有自上而下，平衡两种权力的需要渗透在现代时期的各种政治组织中。神权政治与贵族制都不再成气候，当今所有的政治权力即使不是“民治”(by the people)，也都至少要声明是“民有”(of the people) 和“民享”(for the peolpe)。

这些只是我在与王教授的对话中直接得到的一些启发。我会进一步沿着他提供的诸多思路进行思考，相信从中会产生更多的想法。我期待着去一一探索。

注 释

1. Francis Fukuyama, *The End of History and the Last Man* (New

York: Free Press, 1992).

2. Fernand Braudel, *A History of Civilizations*, translated by Richard Mayne (1987; repr., New York: Penguin Books, 1993).

3. 参见 Francis Watson, *India: A Concise History* (1974; repr., Singapore: Thames & Hudson, 1979); 及 Jacques Gernet, *AHistory of Chinese Civilization*, translated by J. R. Forster (Cambridge; New York: Cambridge University Press, 1982)。

4. Thomas T. Allsen, *The Royal Hunt in Eurasian History* (Singapore: Institute of Southeast Asian Studies, 2013), pp. 14–15.

5. Ibid., p. 21.

6. 有关马匹驯化以及从草原迁徙扩张的历史，比较透彻的探讨参见 Pita Kelekna, *The Horse in Human History* (New York: Cambridge University Press, 2009)。

7. Peter B. Golden, *Central Asia in World History* (New York: Oxford University Press, 2011), p. 12.

8. Karen Armstrong, *The Great Transformation: The World in the Time of Buddha, Socrates, Confucius and Jeremiah* (London: Atlantic Books, 2006), pp. 6–7.

王赓武著述一览（2008-2018）

著作

Another China Cycle：*Committing to Reform*. Singapore：World Scientific，2014.

China and the New International Order. Edited with Zheng Yongnian，London：Routledge，2008.

Diasporic Chinese Ventures：*The Life and Work of Wang Gungwu*. Edited by Gregor Benton and Hong Liu. London：Routledge，2016.

Home Is Not Here. Singapore：NUS Press，2018.

Hong Kong Challenge：*Leaning In and Facing Out*. Hong Kong：Centre of Asian Studies，University of Hong Kong，2009.

Nanyang：*Essays on Heritage*. Singapore：Institute of Southeast Asian Studies，2018.

Renewal：*The Chinese State and the New Global History*. Hong Kong：The Chinese University Press，2013.

The Eurasian Core and Its Edges：*Dialogues with Wang Gungwu on the History of the World*. By Ooi Kee Beng. Singapore：Institute of Southeast Asian Studies，2015.

Voice of Malayan Revolution：*The CPM Radio War against Singapore and Malaysia*, 1960–1981. Edited with Ong Weichong. Singapore: S. Rajaratnam School of International Studies, 2009.

Wang Gungwu, Junzi, Scholar–gentleman, in Conversation with Asad–ul Iqbal Latif. Singapore: Institute of Southeast Asian Studies, 2010.

Wang Gungwu: Educator and Scholar. Edited by Zheng Yongnian and Phua Kok Khoo. Singapore: World Scientific, 2013.

《1800 年以来的中英碰撞：战争、贸易、科学及治理》，金明、王之光译，杭州：浙江人民出版社，2015；香港：商务印书馆，2016。

《中国的"主义"之争——从"五四运动"到当代》，与郑永年合编，新加坡：八方文化，2009。

《五代时期北方中国的权力结构》，胡耀飞、尹承译，上海：中西书局，2014。

《天下华人》，广州：广东人民出版社，2016。

《更新中国：国家与新全球史》，黄涛译，杭州：浙江人民出版社，2016；香港：商务印书馆，2017。

《东南亚与国际关系》，天理：天理大学中国文化研究会，2015。

《香港史新编》（增订版），王赓武主编，上下册，香港：三联书店，2017。

《华人与中国：王赓武自选集》，上海：上海人民出版社，2013。

文章及论文

"A Two–Ocean Mediterranean". In *Anthony Reid and the Study of the Southeast Asian Past*. Edited by Geoff Wade and Li Tana. Singapore: Institute of Southeast Asian Studies, 2011, pp. 69-84.

"A Vision for the Future in the Lessons of the Past". In *The Jewel of Southeast Asia: A Tribute to the Lion City*. By Daisaku Ikeda. Singapore: Editions Didier Millet, 2015, pp. 38-43.

"China and the International Order: Some Historical Perspectives". In *China and the New International Order*. Edited by Wang Gungwu and Zheng Yongnian. London: Routledge, 2008, pp. 21-31.

"China and the US: A Tale of Two Civilisations". In *China-US Relations in Global Perspective*. Edited by Bo Zhiyue. Wellington: Victoria University Press, 2016, pp. 27-39.

"China's Historical Place Reclaimed". *Australian Journal of International Affairs* 66, no. 4 (2012), pp. 486-492.

"Chinese History Paradigms". *Asian Ethnicity* 10, no. 3 (2009), pp. 201-216.

"Chineseness: The Dilemmas of Place and Practice". In *Sinophone Studies: A Critical Reader*. Edited by Sih Shu-mei, Chien-hsin Tsai and Brian Bernards. New York: Columbia University Press, 2013, pp. 131-144.

"Continental Power" [Geopolitics: Our interview with Wang Gungwu]. *Global ARC Quarterly* (Spring 2013), pp. 10-19.

"Family and Friends: China in Changing Asia". In *Negotiating Asymmetry: China's Place in Asia*. Edited by Anthony Reid and Zheng Yangwen. Singapore and Honolulu: NUS & University of Hawai'i Press, 2009, pp. 214-231.

"Flag, Flame and Embers: Diaspora Cultures". In *The Cambridge*

Companion to Modern Chinese Cultures. Edited by Kam Louie. Cambridge: Cambridge University Press, 2008, pp. 115-134.

"Global History: Continental and Maritime". *Asian Review of World Histories*, vol. 3, no. 2 (July 2015), pp. 201-218.

"History and Political-Military Relations". In *The APPSMO Advantage: Strategic Opportunities: Evolving Defence Diplomacy with the Asia Pacific Programme for Senior Military Officers*. Edited by Ong Keng Yong, Mushahid Ali, and Bernard Chin. Singapore: RSIS and World Scientific, 2016, pp. 209-219.

"Hong Kong's Twentieth Century: the Global Setting". In *Hong Kong in the Cold War*. Edited by Priscilla Roberts and John M. Carroll. Hong Kong: Hong Kong University Press, 2016, pp. 1-14.

"Introduction: Imperial China Looking South". In *Imperial China and Its Southern Neighbours*. Edited by Victor H. Mair and Liam C. Kelley. Singapore: Institute of Southeast Asian Studies, 2015, pp. 1-15.

"Link-points in a Half-Ocean: Introduction to the Worlds of East and Southeast Asian Seas". In *Connecting Seas and Connected Ocean Rims: Indian, Atlantic, and Pacific Oceans and China Seas Migrations from the* 1830*s to the* 1930*s*. Edited by Donna R. Gabaccia and Dirk Hoerder. Leiden: Brill, 2011, pp. 169-171.

"National Education and the Scientific Tradition". In *Global Voices in Education: Ruth Wong Memorial Lectures*, vol. Ⅱ. Edited by Ong Seng Tan, Hee Ong Wong, and Seok Hoon Seng. Singapore: Springer, 2017, pp. 37-50.

"One Country, Two Cultures: An Alternative View of Hong Kong". In *Rethinking Hong Kong: New Paradigms, New Perspectives.* Edited by Elizabeth Sinn, Wong Siu-lun, and Chan Wing-hoi. Hong Kong: Centre of Asian Studies, University of HongKong, 2009, pp. 1-24.

"Party and Nation in Southeast Asia". *Millennial Asia: An International Journal of Asian Studies* 1, no. 1 (2010), pp. 41-57.

"Post-Imperial Knowledge and Pre-Social Science in Southeast Asia". In *Decentring and Diversifying Southeast Asian Studies: Perspectives from the Region.* Edited by Goh Beng-Lan. Singapore: Institute of Southeast Asian Studies, 2011, pp. 93-124.

"Science Civilization for China: Before and After Needham". *Southern University College Academic Journal*, August 2014, pp. 1-20.

"Southeast Asia and Continental and Maritime Powers in a Globalised World". In *ASEAN@50: Volume 4, Building ASEAN Community: Political-Security and Socio-cultural Reflections.* Edited by Aileen Baviera and Larry Maramis. Economic Research Institute for ASEAN and East Asia, August 2017, pp. 19-24.

"Southeast Asia: Imperial Themes". *New Zealand Journal of Asian Studies* (June 2009), pp. 36-48.

"Student Movements: Malaya as Outlier in Southeast Asia". *Journal of Southeast Asian Studies* 44, no. 3 (2013), pp. 511-518.

"Sun Yat-sen and the Origins of Modern Chinese Politics". In *Sun Yat-sen: Nanyang and the* 1911 *Revolution.* Edited by Lee Lai To and Lee Hock Guan. Singapore: Institute of Southeast Asian Studies and Chinese Heritage Centre, 2011, pp. 1–14.

"The China Seas: Becoming an Enlarged Mediterranean". In *The East Asian "Mediterranean": Maritime Crossroads of Culture, Commerce and Human Migration*. Edited by Angela Schottenhammer. Wiesbaden: Harrassowitz Verlag, 2008, pp. 7–22.

"The Fifty Years Before". In 1959–2009: *Chronicle of Singapore: Fifty Years of Headline News*. Edited by Peter H. L. Lim. Singapore: Editions Didier Millet and National Library Board, 2009, pp. 15–27.

"The Peranakan Phenomenon: Pre-national, Marginal, and Transnational". In *Peranakan Chinese in a Globalizing Southeast Asia*. Edited by Leo Suryadinata. Singapore: Chinese Heritage Centre and National University of Singapore Museum Baba House, 2010, pp. 14–26.

"Thoughts on Four Subversive Words". *Asia-Pacific Journal of Anthropology* 13, no. 2 (April 2012), pp. 192–202.

《19、20世纪新加坡华人的身份认同与忠诚》，载《华人研究国际学报》2016年第8卷第2期，页1–12。

《中国情结：华化、同化与异化》，载《北京大学学报》2011年第5期，页145–152。

《内与外的解析——论海外华人作家》，载《世界华侨华人研究》2008年第1辑，页1–10。

《王赓武：以历史目光看"核心"的必要性》，载《多维CN》2017年第17期，页22–31。

《王赓武：须要深知香港人的历史》，载冼丽婷：《见字如见人》（香港：壹出版有限公司，2017），页110–121。

《王赓武：关注华人的忧患与命运》，收入李怀宇采访：《各在天一涯：二十位港台海外知识人谈话录》（北京：中华书局，2016），页 75–101。

《王赓武访谈录——在全球化时代反思中国历史》，载王铭铭主编：《中国人类学评论》第 22 辑（北京：世界图书出版公司，2012），页 138–152。

《全球化时代反思中国历史——王赓武访谈录》（包安廉采访，王希翻译），载王希、卢汉超、姚平主编：《开拓者：著名历史学家访谈录》（北京：北京大学出版社，2015），页 119–140。

《南方境外：强进与退让——对中国与东南亚间国际关系的文化史思考》，载《北京大学研究生学志》2014 年第 3 期，页 19–34。

《南洋求学记：不同的时代，走不同的路》，载李元瑾：《跨越境界与文化调适》（新加坡：南洋理工大学中华语言文化中心；八方文化创作室，2008），页 13–28。

《孙中山与现代中国政治的起源》，载廖建裕主编：《再读孙中山、南洋与辛亥革命》（新加坡：华裔馆，东南亚研究院，2011），页 3–17。

《越洋寻求空间：中国的移民》，载《华人研究国际学报》2009 年第 1 卷第 1 期，页 1–49。

《新移民：何以新？为何新?》，载赵红英、张春旺主编：《世界视野：走出国门的中国新移民》（北京：中国华侨出版社，2013），页 3–17。

《党国民主：三代海外华人的进与退》，载《“中央研究院”近代史研究所集刊》2010 年第 67 期，页 1–15。

索引

（笔画内按汉语拼音顺序排列，页码为英文版页码，即本书边码）

7 画

8 画

9 划

10 画

11 画

12 画

殖民主义时代 229-232

13 画

14 画

15 划

《雅理译丛》编后记

面前的这套《雅理译丛》，最初名为“耶鲁译丛”。两年前，我们决定在《阿克曼文集》的基础上再前进一步，启动一套以耶鲁法学为题的新译丛，重点收入耶鲁法学院教授以“非法学”的理论进路和学科资源去讨论“法学”问题的论著。

耶鲁法学院的师生向来以 Yale ABL 来“戏称”他们的学术家园，ABL 是 anything but law 的缩写，说的就是，美国这家最好也最理论化的法学院——除了不教法律，别的什么都教。熟悉美国现代法律思想历程的读者都会知道，耶鲁法学虽然是“ABL”的先锋，但却不是独行。整个20世纪，从发端于耶鲁的法律现实主义，到大兴于哈佛的批判法学运动，再到以芝加哥大学为基地的法经济学帝国，法学著述的形态早已转变为我们常说的“law and”的结构。当然，也是在这种百花齐放的格局下，法学教育取得了它在现代研究型大学中的一席之地，因此，我们没有理由将书目限于耶鲁一家之言，《雅理译丛》由此应运而生。

雅理，一取“耶鲁”旧译“雅礼”之音，意在记录这套丛书的出版缘起；二取其理正，其言雅之意，意在表达以至雅之言呈现至正之理的学术以及出版理念。

作为编者，我们由法学出发，希望通过我们的工作进一步引入法学研究的新资源，打开法学研究的新视野，开拓法学研究的新前沿。与此同时，我们也深知，现有的学科划分格局并非从来如此，其本身就是一种具体的历史文化产物（不要忘记法律现实主义的教诲“to classify is to disturb”），因此，我们还将“超越法律”，收入更多的直面问题本身的跨学科作品，关注那些闪耀着智慧火花的交叉学科作品。在此标准之下，我们提倡友好的阅读界面，欢迎有着生动活泼形式的严肃认真作品，以弘扬学术，服务大众。《雅理译丛》旨在也志在做成有理有据、有益有趣的学术译丛。

第一批的书稿即将付梓，在此，我们要对受邀担任丛书编委的老师和朋友表示感谢，向担起翻译工作的学者表示感谢。正是他们仍“在路上”的辛勤工作，才成就了我们丛书的“未来”。而读者的回应则是检验我们工作的唯一标准，我们只有脚踏实地地积累经验——让下一本书变得更好，让学术翱翔在更广阔的天空，将闪亮的思想不断传播出去，这永远是我们最想做的事。

六部书坊

《雅理译丛》主编 田雷

2014年5月

《雅理译丛》已出书目

民主、专业知识与学术自由
——现代国家的第一修正案理论
［美］罗伯特·C. 波斯特　著
左亦鲁　译

林肯守则：美国战争法史
［美］约翰·法比安·维特　著
胡晓进　李　丹　译

兴邦之难：改变美国的那场大火
［美］大卫·冯·德莱尔　著
刘怀昭　译

司法和国家权力的多种面孔
——比较视野中的法律程序
［美］米尔伊安·R. 达玛什卡　著
郑　戈　译

摆正自由主义的位置
［美］保罗·卡恩　著
田　力　译　刘　晗　校

战争之谕
胜利之法与现代战争形态的形成
［美］詹姆斯·Q. 惠特曼　著
赖骏楠　译

创设行政宪制：
被遗忘的美国行政法百年史（1787—1887）
［美］杰里·L. 马肖　著
宋华琳　张　力　译

事故共和国
——残疾的工人、贫穷的寡妇与美国法的重构（修订版）
［美］约翰·法比安·维特　著
田　雷　译

数字民主的迷思
［美］马修·辛德曼　著
唐　杰　译

同意的道德性
［美］亚历山大·M. 毕克尔　著
徐　斌　译

林肯传
［美］詹姆斯·麦克弗森　著
田　雷　译

罗斯福宪法：
第二权利法案的历史与未来
［美］凯斯·R. 桑斯坦　著
毕竞悦　高　瞰　译

社会因何要异见
［美］凯斯·R. 桑斯坦　著
支振锋　译

法律东方主义
——中国、美国与现代法
［美］络德睦（Teemu Ruskola）　著
魏磊杰　译

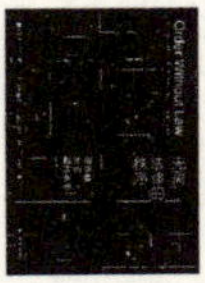

无需法律的秩序
——相邻者如何解决纠纷
［美］罗伯特·C. 埃里克森　著
苏　力　译

美丽新世界
《世界人权宣言》诞生记
［美］玛丽·安·葛兰顿　著
刘轶圣　译

大屠杀：
巴黎公社生与死
［美］约翰·梅里曼 著
刘怀昭 译

自由之路
“地下铁路”秘史
［美］埃里克·方纳 著
焦姣 译

黄河之水：
蜿蜒中的现代中国
［美］戴维·艾伦·佩兹 著
姜智芹 译

我们的孩子
［美］罗伯特·帕特南 著
田 雷 宋 昕 译

起火的世界
［美］蔡美儿 著
刘怀昭 译

军人与国家：
军政关系的理论与政治
［美］塞缪尔·亨廷顿 著
李 晟 译

林肯：在内战中
（1861–1865）
［美］丹尼尔·法伯 著
邹 奕 译

正义与差异政治
［美］艾丽斯·M. 杨 著
李诚予 刘靖子 译

星球大战的世界
［美］凯斯·R. 桑斯坦 著
张 力 译

财产故事
［美］斯图尔特·班纳 著
陈贤凯 许 可 译

乌托邦之概念
［美］鲁思·列维塔斯 著
李广益 范轶伦 译

法律的文化研究
［美］保罗·卡恩 著
康向宇 译

鲍勃·迪伦与美国时代
［美］肖恩·威伦茨 著
刘怀昭 译

独自打保龄
［美］罗伯特·D.帕特南 著
刘 波 祝乃娟 张孜异
林挺进 郑 寰 译

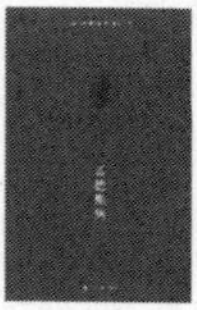

孟德斯鸠
［美］朱迪·斯克拉 著
李连江 译

为什么速度越快，时间越少
从马丁·路德到大数据时代的速度、金钱与生命
［美］马克·泰勒 著
文 晗 译

法和经济学的未来

［美］圭多·卡拉布雷西 著

郑 戈 译

欧洲法律简史

两千五百年来的变迁

［美］塔玛尔·赫尔佐格 著

高仰光 译

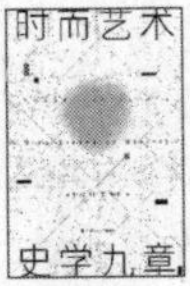

时而艺术：

史学九章

［美］伯纳德·贝林 著

孙宏哲 译

美国法的变迁：

1780—1860

［美］莫顿·J. 霍维茨 著

谢鸿飞 译

娇惯的心灵

“钢铁”是怎么没有炼成的？

［美］格雷格·卢金诺夫

［美］乔纳森·海特 著

田 雷 苏 心 译

First published in English by ISEAS Publishing under the title The Eurasian Core and Its Edges：Dialogues with Wang Gungwu on the History of the World by Ooi Kee Beng（Singapore：Institute of Southeast Asian Studies，2015）. Translated with the kind permission of the publisher.
本书根据 The Eurasian Core and Its Edges：Dialogues with Wang Gungwu on the History of the World 翻译成中文，由香港中文大学授权出版，中文简体字版限在中国内地发行。
版权登记号：图字：01-2020-5965 号

图书在版编目（CIP）数据

王赓武谈世界史：欧亚大陆与三大文明／（新加坡）黄基明著；刘怀昭译．—北京：当代世界出版社，2020.11（2025.8 重印）
ISBN 978-7-5090-1343-4

Ⅰ．①王… Ⅱ．①黄… ②刘… Ⅲ．①世界史 Ⅳ．①K1

中国版本图书馆 CIP 数据核字（2020）第 193477 号

书　　名：王赓武谈世界史：欧亚大陆与三大文明
出版发行：当代世界出版社
地　　址：北京市东城区地安门东大街 70-9 号
网　　址：http：//www.worldpress.org.cn
邮　　箱：ddsjchubanshe@163.com
编务电话：（010）83907528
发行电话：（010）83908410
经　　销：新华书店
印　　刷：北京新华印刷有限公司
开　　本：880 毫米×1230 毫米　1/32
印　　张：10.25
字　　数：190 千字
版　　次：2020 年 11 月第 1 版
印　　次：2025 年 8 月第 4 次
书　　号：978-7-5090-1343-4
定　　价：69.00 元